_____ 님께

꿈, 사랑, 평화가 가득한 삶 되시길 바라며

_____ 드림

성공적인 하루를 보내기 위한 마음 솔루션!

큰 그릇 큰 교사 되기 프로젝트

성지현 지음

좋은땅

지금 여기, 아름답고 편안한 날갯짓을 위하여

학교, 직장이라는 단어를 들으면 어떤 생각이 떠오르시나요? 마음이 편안하고 시원해지시나요? 고구마 백 개는 먹은 듯 부담스럽고 어려운가요?

'합격'하고 기쁨의 눈물을 흘리고 환호를 쏟으며 학교로의 첫 출근, 꿈꾸던 교단에 서고, 수험생에서 직장인이 되어 경제적으로 독립한 성인이 된다는 설렘은 잠시, 하루 종일 부산하게 업무 메신저를 확인하고, 수업 준비를 하고, 집중하지 않는 아이들까지 봐 가며 30명이 넘는 학생들 앞에서 목청을 높이는 수업을 하는데 학생들의 반응은 영 만족스럽지가 않습니다. 학생들, 학부모와의 상담은 쌓여 있고, 언제 들려올지 모르는 학생들의 문제 행동 소식을 들으면 달려가서 해결해야 합니다. 그렇게 매일매일 예측할 수 없는 소용돌이 속에 파묻혀 허우적거리다가 3년째 되던 어느 날 문득, 하던 일을 멈추고 주변을 둘러보았습니다. 계속 이렇게 매일 살아야 하는 것인가? 지금은 처음이라 이렇지만, 언젠가는 완전 베테랑이 되어 학교 일과 학생 지도를 완전히 파악하고 신선처럼 일할 수 있을지 않을까 하는 기대감을 가지고 앞에 앉아서 열심히 일하시는 한참 선배이신 동료께 여쭈어봤습니다.

"선생님, 얼마 정도의 경력이 되면 학교 일에 통달하고 편안할 수 있을까요? 선생님께서는 수월하시지요?"

"글쎄……, 나도 아직도 너무 어려워. 학생들 지도도, 수업도 해가 갈수록 더 어렵네."

경력이 많아지면 좋아질 거라고, 더 나아질 거라고 품었던 희망이 보기 좋게 부서지는 기분이었습니다. 그 후로도 선배 동료들을 뵈면 같은 질문을 계속 물어보고 다니곤 했고 돌아오는 대답은 같았습니다. 그분들이 좀 더 겸손하게 말씀하신 것도 있을 것이지만, 저로서는 하루 중 가장 많은 시간을 보내는 직장, 그토록 합격하고 싶었던 학교에서 희망을 보고 싶었고 제가 원하는 해답을 듣길 원했던 것 같습니다. 괜찮다고. 학교 일은 너무나 쉬워질 것이라고. 나는 재미로 학교를 다닌다고.

우리는 최소 8시간을 학교, 직장이라는 장소에서 보내고 있습니다. 자는 시간을 제외하고 깨어 있는 시간 16시간 중에서 반 이상은 학교에서 지내는 것입니다. 자세히 보면 가족보다도 학생들, 동료와 더 오래 시간을 보냅니다. 시간 측면에서만 보자면 학생들과 동료들은 가족 이상의 비중을 가집니다. 그런데 하루 중 가장 길게 보내는 시간이 나에게 '괴로움'과 '짐'이라면, 앞으로의 나의 인생 역시 '괴로움'과 '짐'으로 채워질 것이라는 생각이 지나갔습니다. 이렇게 살려고 10여 년의 학창 시절과 대학 시절 동안 현재의 재미를 포기하고 공부하고 수험 생활을 해 온 것이 아니었습니다. 원래 '직장'이란 그런 거라고, 그래서 인생이 쓴 것이라고, 다들 그렇게 사는 것이라고, 모두가 얘기하고 수긍하라고 해도 이런 인생은 아니라는 생각이 들었습니다. 이렇게 하루를 보낼 순 없다. 이렇게 직장 생활을 보낼 순 없다. 나는 학교에서 보내는 8시간을 즐겁게 보내겠다. 여기를 나의 '천국'으로 만든다면 나의 하루는 물론 교직 생활 전체가 '천국'이겠지. 정말 현실 가능할지는 모르지만 그렇게 보내고 싶다.

제가 직장 생활을 '괴로움'으로 여기고 있는 밑바닥을 살펴보았습니다. 그곳에는 '두려움'이 있었습니다. '동료와 학생들에게 인정받지 못할까 봐, 학생과 내가 안전하지 못할까 봐, 실수할까 봐, 사랑받지 못할까 봐' 가지는 '두려움'이 마음속 저변에 꼬이고 꼬여 거대한 실타래가 되어 깔려 있었습니다. 그리고 두려움에 떨려 방학 중에도 걱정만 하고 있는 저를 발견했습니다. 걱정이 온몸에 치달았을 때 일단 불안한 불부터 끄려는 행동을 시작했습니다. 불이 꺼질지 안 꺼질지 모르겠지만, 다음 학기 수업이 너무 겁이 나니 수업하는 교과서부터 펴서 미리 읽어 보는 것부터 시작했습니다. 꼬인 한 줄 한 줄이 보일 때마다 그것을 풀기 위한 행동을 시작했습니다.

수업을 잘 이끌어 나가야 한다는, 불안이 완벽주의가 되고 그로 인해, 수업에 들어가기 전에는 가슴이 쿵쾅쿵쾅 뛰고 떨렸습니다. 수업에서 느껴지는 목마름을 채울 연수를 듣고 단 몇 부분이라도 수업에 적용하려고 했습니다. 학생들과 소통에 트러블이 생기면 학생 지도와 관련된 책을 찾아 읽고, 학급 운영이 어려우면 그와 관련된 책을 찾아 읽었습니다. 동료 관계가 어렵게 느껴지면 인간관계와 리더십에 관한 책들을 찾아 읽었고 적용해 보려고 했습니다.

두렵게 느껴지는 '결핍'들에 하나하나 배움을 불어넣고 삶에 적용하는 나날이 계속되면서 보이지 않게 점점 성장해 나간 것 같습니다. 그럼에도 불구하고 상담을 마치면 찜찜하였고 업무는 뒤따라가기가 바빴습니다. 다양한 연령의 동료 교사들과도 어떻게 지내야 할지 편안하지 않았습니다. 일어난 문제를 가장 좋은 계획과 판단으로 처리했다고 생각했는데 결과적으로 일이 어그러질 때는 노력을 한 것이 허탈하기도 했습니다.

그러던 어느 날, 마인드파워 전문가 조성희 대표의 '마음근육강화 100일 프로젝트' 유튜브 영상을 매일 10분씩 따라가면서 매일 마음을 다스려 주는 마음 운동을 하기 시작했습니다. '운동도 계속해야 신체의 근육이 잘 유지되고 발달하듯 마음도 매일 운동을 해야 건강한 마음 근육이 유지된다.'라는 말이 새롭게 다가왔습니다. 마음 근육을 키운다는 것, 마음을 관리한다는 게 어떤 것인지도 난생처음 들은 것 같습니다. 처음에는 '뭐 별것 있겠어?'라는 생각도 들었지만, 좋다고 하니깐, '원하는 것을 이루는 방법'이라고 하니깐, 일단 한번 해 보자라는 마음이 들었습니다. 매일 한 끼 챙겨 먹듯이 매일 아침 5~10 문장 정도 마음을 다질 수 있는 글들을 필사하고 읽기 시작한 것이 전부입니다. 그런데 그동안 보냈던 교직 생활 5년에 비해 한두 달 사이에 눈에 띄게 내면의 안정감들이 늘어나고 심적으로 단단해지기 시작했습니다. 그리고 6개월이 지났을 무렵 제가 쓰는 대로 일을 해내고 있었습니다. 늘 거대한 바위같이 짓누르던 직장과 학생들이 편안하게 느껴지기 시작했습니다. 동료들, 학생들과도 관계가 부드러워지고, 수업에 열정을 다하면서도 마음이 편안해졌고 즐거움이 커지기 시작했습니다.

작고 소소한 루틴들이 하루하루 쌓이면서 몇 년이 지난 지금, 저 자신을 인정해 주고 지지하는 습관은 몸에 배고, 과거의 나 안에서 규정된 모습이 아닌 원하는 나의 모습을 만들어 가게 되었습니다. 더불어 타인과 주변 환경으로부터 무한히 풍요로운 사랑을 받고 있다고 느끼며 감사와 기쁨으로 매일을 보내고 있습니다. 미국 대통령 링컨은 '나에게 나무를 벨 10시간을 준다면, 도끼날을 가는 데 8시간을 사용하겠다.'라는 말을 남겼습니다. 마음을 관리하는 것은 저에게 도끼를 준비하고 날을 가는 시간입니다. 마음의 80%가 풍요와 감사로 채워지면, 나머지 20%의 전문적이고 기술적인 교육 방법들은 200% 효과를 발휘하게 됩니다. 전문적인 수업 방법들, 업무와 처세의 기술이 나뭇가지와 잎이라면, 마음 관리는 땅속에서 깊고 넓은 단단한 뿌리가 되어 줄기는 더 생기 있게, 이파리들은 더 푸르고 싱그럽게 만들어 줍니다. 그리고 너무도 자연스럽게 풍성한 꽃이 피고 열매가 열릴 것입니다.

학교 안에서 마음 깊은 곳과 얕은 곳을 넘나들며 요동치는 불안감과 두려움으로부터 조금 더 많이 편안해지시라고 신규 교사와 학교생활이 어려운 다른 교사들께 제가 그동안 했던 마음 관리 방법과 그것을 학교 현장에 적용하면서 얻은 지혜들을 나누고자 합니다. 복잡하고 어려운 이론, 방법이 아니고, 당장 내일 아침부터라도 실천 가능하고 바로 효과가 나타나는 특효 코칭이라고 감히 자부합니다. 또한 주어진 학교 일들을 따라가기 바쁜 직장인 교사를 뛰어넘어, 교사 자신 스스로의 브랜드를 세우고 삶의 기쁨과 열정을 찾아갈 수 있는 '나'를 만들 수 있게 도와드릴 것입니다.

이 책의 효과를 높일 수 있는 방법을 추천해 드리자면, 매일 작은 챕터 한두 개 정도만 읽고 활동지를 채운 후, 그 주제에 대해 하루 동안 음미하는 것입니다. 한꺼번에 많이 읽는 것보다 훨씬 더 좋을 것 같습니다.

이 책을 읽고 하나하나 실천해 가는 순간, 이제 당신의 직장은 편안한 곳입니다. 당신의 학교는 쉬운 곳이 되었습니다. 당신은 이곳에서 기쁨 그 자체를 누리는 풍요로운 삶을 살고 있을 것입니다.

2023년 8월 3일
저자 성지현

목차

프롤로그

지금 여기, 아름답고 편안한 날갯짓을 위하여   4

1부   수업 스킬? 마음가짐이 80%이다

1. 나에게 매일 속삭이는 말, 내면 언어의 중요성   16

2. 원하는 셀프 이미지 만들기   26

    1) 현재 셀프 이미지 찾기

    2) 원하는 셀프 이미지 만들기

    3) 나를 세상에 외치기

3. 매일 성공적으로 하루를 보내는 방법   51

    1) 시간 관리 비법! 모닝 감사 일기 쓰기

    2) 에너지 충전! 이브닝 감사 일기 쓰기

    3) 매일 듣는 나를 위한 노래

4. 매일 마음이 풍요로운 교사가 되는 방법   68

    1) 커다란 하트 표를 내려 주기

    2) 숨은 장점 찾기 프로젝트

    3) 선량하고 훌륭한 큰 그릇 큰 부자 제지 만들기

2부 교사는 수업이 제일이다

1. 수업 전   97
    1) 나만의 수업 긍정 확언 만들기
    2) 원하는 수업 장면 상상하기
    3) 쉽고 재미있고 행복한 수업을 위한 Tip

2. 수업 중   113
    1) 겸허한 마음으로 칭찬과 박수를 주기
    2) 다양한 반 분위기에 맞게 유연해지기

3. 수업 후   121
    1) 커다란 하트 표를 내려 주기
    2) 매너리즘에 빠졌을 때 대처법

3부 상담은 학생과 신뢰를 만드는 꽃

1. 상담 전 학생이 준비할 일   131
2. 커다란 하트 표를 내려 주기   133
3. 열린 질문으로, 스스로 말하게 격려하기   135
    1) 자신의 장점 3가지 설명하기
    2) 자신이 고치고 싶은 점 3가지를 쓰고 원하는 장면으로 바꾸기
    3) 진로에 대해 함께 대화하기

4. 꿈을 말하고, 자유롭게 상상하게 하기   141

5. 상담의 끝은 '고맙습니다'로 마무리하기   145

6. 나의 스승, 나의 제자   147

가슴 뛰는
내 인생 만들기

1. 당신이 좋아하는 것은 무엇입니까? 당신의 꿈은 무엇입니까?   153

2. 지금의 불만족은 성장할 절호의 기회!   165

3. 나만의 브랜드, 나만의 인생   172

에필로그

이 책을 마치며   176

1부

수업 스킬?
마음가짐이 80%이다

1

나에게 매일 속삭이는 말,
내면 언어의 중요성

사람들이 누군가에게 하는 말이 중요한 이유는 그 말이 듣는 이에게 그냥 흘러 지나가는 것이 아니고 듣는 이의 마음에 자리 잡아 영향을 주기 때문입니다. 특히, 자라는 어린아이들은 주변 사람들이 하는 말을 사실 여부와 상관없이 맞는 말로 흡수합니다. 시간이 지나도 아이의 머릿속에는 그 장면과 주고받은 대사들이 같이 떠오릅니다. 작은 꼬맹이를 내려다보며 큰 얼굴과 눈으로 또박또박 말하는 어른들의 대사는 아이의 기억 속에 비디오의 한 장면으로 남아 반복해서 재생됩니다.

'맞냐, 틀리냐', '긍정적이냐, 부정적이냐'를 떠나서 주변 어른들의 모든 말들이 아이의 마음속에 자리 잡게 됩니다. "잘했다.", "잘할 거다."라고 믿어 주는 말을 자주 해 주는 환경에서 자란 아이는 커 가면서 맞닥뜨리는 상황들에서 무의식 속 긍정 대사들을 스스로에게 할 가능성이 많습니다. 반면, "넌 왜 이렇게 게으르니.", "집중력이 정말 부족한 아이네."라는 말을 자주 들을 아이들은 스스로에게 게으르고 집중력이 떨어진다고 반복해서 말합니다. 사실 주변의 가족, 친척, 교사, 친구의 말들은 그들이 한정적으로 살고 있는 세상 안에서 만들어진 '그들만의 관점'이자 '의견'일 뿐이지만, 아직 판단하는 능력이 잘 갖추어지지 않고 주변 환경에 의존하는 어린아이들에게 이런 말들은 많은 영향을 미칩니다. 아이의 기질에 따라 차이가 있을 수 있고 점차 성장하면서 여러 가지 경험을 쌓으며 깨어 나갈 가능성들도 있지만, 그런 방향으로 나아가기 전까지는 자신에게 부정적인 말들을 반복하면서 열등감을 가지고 자책하면서 자라게 됩니다. 심지어 현실에서 벌어지는 일들에서 자신이 '부정적일 수밖에 없는' 증거들을 찾고, '역시나 나는 그렇다.'라고 합리화하며 커 가기 쉽습니다.

무의식 속에 남아 있는 대사들, '내면 언어'는 수십 년 동안 습관이 되고 굳혀져 성인이 된 지금도 본인 안에서 쉼 없이 재생되고 있습니다. 아침에 눈을 떴을 때, 식사를 할 때, 걸을 때, 운전할 때, 일할 때, 설거지할 때, 샤워할 때, 잠자리에 누울 때까지 많은 시간 동안, 불쑥 떠오른 과거의 기억에 대해 '좋다, 나쁘다, 화가 난다'고 판단하고, 그때의 대화를 곱씹습니다. 이미 행동을 한 후에도 무의식에 자리 잡혀 있는 내면 언어를 꺼내서 분석하고 해석하고 되뇝니다. 내일은 어떤 일이 있을지, 10년 후에는 무슨 일을 하고 있을지 걱정이 떠오르면 기억에 비추어 불안한 생각을 속으로 반복합니다. 이렇게 마음속으로 자신에게 하는 말은 그것이 '사실'이라고 뇌가 착각하게 만든다고 합니다.

마음속으로 스스로에게 하는 말, 내면 언어는 '자신'이 '자신'에게 '하는 말'이자, '듣는 말'입니다. 어른들이 아이들에게 주의해서 말해야 하는 것처럼 '자신'도 '자신'에게 하는 말을 조심해야 합니다. 내면 언어가 중요한 이유는 그 말대로 스스로가 규정지어지고, 그러한 사람으로 만드는 힘이 있기 때문입니다. '나는 운동을 못해.'라는 말을 내면의 언어로 굳힌 사람은 아이가 주변 어른에게 '너는 운동을 못해.'라고 지속적으로 듣고 있는 것과 마찬가지의 영향을 받습니다. '나랑 운동은 맞지 않아.'라는 말이 속에서 툭 튀어나오면 스스로 풀이 죽어 운동하러 나갈 에너지와 의욕이 생기지 않습니다. 산책 한두 번하고 힘이 들면 '역시 운동은 내 체질이 아니야.'라고 또다시 스스로에게 주문을 겁니다. 이 주문의 효과는 너무 탁월하고 강력합니다.

'나는 사람들과 지내는 게 불편해.'라고 내면 언어를 되뇌면 사람들과 마주하거나 대화하는 내내 이 상황이 불편한 것으로 규정되고, 해결 방법이나 보완책을 찾아보기보다는 사람들과 지내는 게 불편한 이유들을 쌓아 가게 됩니다. '태어날 때부터 기질적으로 사교성이 없었기에, 부모님의 관심을 받지 못했기에, 이 사람은 못됐고, 저 사람은 이기적이기에, 이 사람은 말투가 맘에 안 들고, 여태껏 저런 성격의 사람들은 다 나와 맞지 않았기에'라고 사람들과 지내는 데 불편한 이유들을 찾자면 70억 인구수만큼 무한히 만들어 낼 수 있습니다. 오늘 당신은 마음속으로 어떤 말을 가장 많이 생각하셨나요?

교사들은 기본적으로 학생들과 아이들에게는 용기를 북돋워 주는 말을 해 줘야 한다는 마인드가 장착되어 있고 칭찬과 격려를 많이 하는 직업 중 하나입니다. 학생들에게 '너는 할 수 있어.', '훨씬 좋아졌구나.'라고 의식적으로 말하는 상황이 많이 있습니다. 그에 못지않게 어른인 우리도 자기 스스로에게 용기를 북돋워 주는 말을 하는 것을 습관으로 가져야 합니다. 자신이 지금 어떤 내면 언어를 말하고 있는지 주의 깊게 살피고, 자상한 어른이 아이에게 칭찬과 격려를 부드럽게 베풀 듯, 자신 스스로에게 바다와 같은 넓은 마음으로 칭찬과 격려를 베풀어야 합니다. '나'는 내면 언어를 들으면서 스스로를 그렇게 인정하게 되고, 인정한 만큼의 '나'를 만들어 가는 것입니다.

어린 시절 나를 키워 주신 부모님이 '제1의 부모님'이었다면, 경제적, 신체적으로 독립한 어른이 된 지금의 '나'는 '제2의 부모님'인 것입니다. 제1의 부모님은 과거의 부모님으로 생물학적 자산을 주시고 정서적 추억들을 함께한 분들입니다. 성인이 된 '나'는 제2의 부모님인 '나'와 함께하고 있습니다. 현재, 지금 이 순간 당신의 진짜 부모님은 제2의 부모님인 '나'입니다. 제2의 부모님인 '나'는 '나'(자녀)에 대해 가장 많이 알고 있고, '내'(자녀)가 듣고 싶은 말을 가장 잘 알고 있습니다. 예전에 제1의 부모님이 나를 오해하거나 잘 몰라서 나에게 섭섭하게 하신 점이 있더라도 이젠 끄떡없습니다. '나'의 마음을 가장 잘 아는 제2의 부모님인 '나'가 있으니까요.

그렇다면, 지금 당신을 지지해 주는 어떤 말을 듣길 원하나요? 자신이 듣고 싶은 말이 정확히 떠오르는 사람도 있겠지만, 듣고 싶은 말이 무엇인지 아리송한 분들도 있을 겁니다. 그럼, 다음 물음에 대한 답을 생각해 봅시다.

— 어린 시절의 부모님께 어떤 말을 꼭 듣고 싶은가요?
— 학창 시절의 선생님께 어떤 말을 꼭 듣고 싶었나요?

이렇게 어린 시절의 부모님, 선생님께 듣고 싶었던 말이 자신이 듣기를 원하는 말입니다. 저의 경우, 부모님과 선생님께 이런 말을 듣고 싶었습니다.

— 어린 시절의 부모님께 어떤 말을 꼭 듣고 싶은가요?
네가 배우고 싶어 하고 새로운 곳에 가고 싶어 하는 모습들을 보니 정말 넌 큰사람이 되려고 그러는 것 같아. 그 시험에 도전해 보려고 했던 용기가 중요하지. 모든 것이 좋은 경험이니, 재미있게 살자. 고맙고 사랑한다.

— 학창 시절의 선생님께 어떤 말을 꼭 듣고 싶었나요?
공부한다고 고생이 많지? 대견하다. 최선을 다하고 있는 모습에 박수를 보낸다. 대학으로, 사회로 나가면 얼마나 재미있는 줄 모른다. 세상은 넓고 할 일은 정말 많아. 어떤 곳에 가든 정성을 다해 살면 잘되게 되어 있으니 걱정하지 말고 힘내라.

이렇게 과거에 듣고 싶었던 말을 적어 보고, '내(제2의 부모)'가 스스로에게 얘기해 주세요. 다른 누군가가 당신에게 해 주길 기다리지 않아도 됩니다. 스스로에게 함부로 아무 말이나 하지 않도록 주의를 기울여 보세요. 순간순간 귀하고 대접해 주는 말을 스스로에게 해 주어야 합니다. 더 좋은 환경에서 자랐더라면, 더 많은 인정과 사랑을 받았더라면, 더 나은 경제적 지원을 받았더라면, 그때 그런 말을 듣지 않았더라면 같은 아쉬움을 가지지 않은 사람이 있을까 싶을 정도로 누구나 어린 시절의 결핍이 있는 것 같습니다. 제1의 부모님으로부터 경제적으로, 신체적으로 독립했으니 섭섭함과 아쉬움을 털어 버리고, 거기까지 해 주신 선에서 감사하면 됩니다. 그리고 이제 제2의 부모님인 '나'를 확고히 만나야 합니다. 누구보다도 나의 취향을 잘 알고, 나의 감정이 어떠한지 잘 아는 '나'로부터 있는 그대로 인정받고 전폭적인 지지를 받으세요. 나에게 긍정적이고 사랑이 담긴 말을 원 없이 해 주세요. '내'가 살아 있는 동안, 앞으로 평생 해 주세요.

내가 원하는 이상적인 부모가 되어 매일 스스로에게 말하는 내면 언어로써, 나를 실컷 위로해 주고 '긍정'으로 채워 줘야 합니다. 내 자식은 세상 누가 비난해도 내가 편들어 준다는 마음으로 해 주는 겁니다. 세상에 이런 사람 곁에 두면 얼마나 든든하겠습니까?

스스로가 지지와 격려를 듬뿍 먹으면 밝음이 몸속을 휘감습니다. 내면이 긍정과 사랑과 기쁨으로 가득 차면 얼굴빛, 표정, 목소리, 말투, 걸음걸이, 웃음소리도 같이 겉모습에 묻어나옵니다. 나의 내면이 풍요로우니 주변의 상황들에도 풍요로 답변을 해 줍니다. 주변의 상황이 어렵다 하더라도 커다란 마음과 아량으로 녹여 줄 힘을 가질 수 있습니다. 평소에도 동료, 친구들과 블랙코미디 대사처럼 스스로를 낮추는 말이나 자학하는 농담은 자제하는 게 좋습니다. 긍정으로 안아 주는 말들로 자신을 채워 주세요.

♥ 과거와 현재의 만남 ♥

* 어린 시절의 부모님께 어떤 말을 꼭 듣고 싶은지 구체적으로 적어 봅시다.

----

* 학창 시절의 선생님께 어떤 말을 꼭 듣고 싶었는지 구체적으로 적어 봅시다.

----

* 생각나는 ○○○에게 어떤 말을 듣고 싶었는지 구체적으로 적어 봅시다. 어른, 친구, 누구든 좋습니다.

♥ 이제 이 글을 메모지에 적고 본인 스스로에게 자주 읽어 주세요. 자신이 스스로의 부모님, 스승이란 걸 꼭 기억하세요.

2

원하는 셀프 이미지 만들기

과거에서부터 무방비 상태로 만들어진 자신의 내면 언어를 긍정으로 바꾸려고 하면 그동안의 습관이 있어서 처음에는 쉽지 않습니다. 하지만 이 책을 천천히 따라오시면 어느새 긍정적인 내면 인어로 채워진 나를 만나 보실 수 있을 것입니다. 그 방법 중 하나는 자신을 '자신이 되길 원하는 사람으로 그리는 것'입니다. 머릿속으로 내가 되었으면 하는 모습을 그리는 것부터 시작합니다. 그런데 자신이 되길 원하는 사람이 되기 전에 먼저 점검해 보아야 될 단계가 있습니다. 지금 스스로를 어떻게 그리고 있는지를 파악하는 것이지요. 자신이 어떤 사람인지 떠올릴 때 그려지는 이미지를 '셀프 이미지'라고 합니다. 먼저 자신의 현재 셀프 이미지를 찾아보고 분석해 보겠습니다.

1) 현재 셀프 이미지 찾기

출근한 당신, 학교에 있는 전신 거울 속에 비친 자신의 모습을 바라봐 주세요. 셀프 사진을 찍어도 좋습니다. 어떤 모습인가요? '지금의 모습'이 바로 당신이 마음속으로 생각하는 '당신의 셀프 이미지'입니다. 그냥 오늘 입고 싶은 대로 입었고, 하고 싶은 대로 행동했다 생각할 수 있습니다. 그런데 지금의 모습은 마음속으로 자신을 그리는 이미지, 오늘의 기분, 생각, 가치관 등이 표현된 것입니다. 머리를 질끈 묶은 헤어스타일, 무뚝뚝한 표정, 편안한 청바지와 니트를 입고 있다면, 그것은 본인의 마음속에서 그러한 셀프 이미지를 갖고 있기 때문이라는 것이죠. 만약 오늘 기분 좋은 약속이 있다면 가벼운 원피스를 입고, 공식적인 일정이 있다면 정장을 챙겨 입고 갈 때도 있습니다. 그날의 상황에 맞게 떠오르는 자신의 모습이 있고 그것이 겉으로 표현된 것입니다. 셀프 이미지는 외모에만 해당되는 것은 아닙니다. 수업 연구를 하고, 수업하는 것이 지루하고 재미없다면 스스로 수업은 지루하고 재미없다는 셀프 이미지를 가지고 있기 때문에 그렇게 생각하고 표현하고 있는 것입니다. 자신은 학생들과 돈독한 관계를 갖고 싶은데 학생들과 갈등이 원하지 않게 자꾸 생긴다면, 스스로 '교사(나)는 학생들과 갈등이 있는 사람이야.', '학생은 문제를 일으키는 존재야.', '나는 원래 애들을 싫어해.'라는 셀프 이미지를 가지고 있을 수 있습니다. 그저 나의 성격대로 어떤 행동하는 것일 뿐이고 나에게 일어나는 일에 대응하는 것 같지만, 내 스스로 그런 사람이라는 셀프 이미지를 머릿속에 장착하고 있기에 겉으로 표현되고 행동하는 것입니다. 셀프 이미지는 한 사람이 과거에 겪은 경험들, 타인에게서 보고 들은 간접적인 정보들이 무의식에 굳어지면서 만들어지는 것입니다. 과거 경험으로부터 얻은 기억들은 새로운 환경에 맞닥뜨렸을 때 자신을 보호하고 안정감을 주는 판단 기준이 되기도 하지만, 그 속에 계속 빠져 있다면 현재 이 순간에도 나를 과거에 묻혀 살게 하는 부작용을 만들기도 합니다. 과거의 경험을 기준으로, '수업(일)은 재미없는 것.'이라고 생각하고 있으면, 수업이 재미없을 수밖에 없는 근거들만 모이게 됩니다. '아이들은 문젯거리들.'이라는 무의식이 깊으면, 학생들과 소통의 문제가 생길 때, 문젯거리들을 비난할 이유들만 찾게 됩니다. 이 문젯거리들이 사고만 안 치길, 하루가 무사히 지나가길 바라며 매일 노심초사하게 됩니다. 학생들과의 관계는 더 악순환이 되겠지요. 그러니 지금 보여지는 나의 외모, 일, 사람들과의 상호작용들을 인지하고, '내가 그런 셀프 이미지를 갖고 있기에 이렇게 행동한 것이구나.' 하고 인정하는 것이 첫 번째입니다. 만약 출근하는 자신의 모습, 수업 방법,

학생과 동료와의 관계에서 만족스럽지 못하다면, 이렇게 머물고 싶지 않다면, 먼저 그것들에 대한 지금의 셀프 이미지를 인정할 필요가 있습니다.

이해를 돕고자 6년 전, 저의 셀프 이미지를 분석해 보겠습니다. 아침에 일어나면 부랴부랴 옷장에서 활동하기 편한 바지와 웃옷을 꺼내서 입고 출근했습니다. 수업을 준비할 때는 쉽고 재미있게 과학을 가르치자고 생각하고 그렇게 되도록 주요 내용과 자료를 준비해서 수업 시간을 보냈습니다. 학생들과의 관계에서는 내가 잘 대해 주는 것에 비해 인정을 받지 못하고 있다는 생각이 있었습니다. 학생이나 학부모님과 상담할 때는 어떻게 이야기를 이끌어 가야 할지 많은 부담이 되었고 상담을 마치면 제대로 잘하지 못한 거 같고 깔끔한 기분이 들지 않았습니다. 월급을 받을 때는 '이렇게 고생하는데 이것밖에 못 받나. 언제 오르나.'라고 생각했습니다. 업무를 생각하면 실수할까 봐 걱정이 앞서고 상사 앞에서 잘하고 있는지 부담되는 마음에 눈치가 보이고 어려웠습니다. '학교'를 생각하면, 학교가 저를 짓누르고 있는 듯한 느낌을 받았습니다. 이런 모습 자체가 제가 마음속에 품고 있는, 옷차림, 수업, 학생, 업무, 월급, 학교라는 곳에 대한 저의 셀프 이미지였습니다. 저는 이런 셀프 이미지를 가지고 있었고 그대로 생각, 감정, 행동으로 표현하고 있었습니다.

여러분도 자신의 현재 셀프 이미지를 파악해 보는 시간을 가져 볼까요? 외모뿐 아니라, 수업 스타일, 동료와의 관계, 학생 지도, 상담, 건강, 취미 생활, 부 등의 여러 요소들에 관해 현재 자신이 가지고 있는 생각과 행동을 관찰하고 구체적으로 적어 봅시다.

♥ 현재의 셀프 이미지 찾기 ♥

* 당신이 오늘 출근했을 때 외모는 어떤가요? (머리 스타일, 옷차림, 액세서리, 화장 유무 등)

나의 외모는

\-------------------------------------

\-------------------------------------

\-------------------------------------

* 당신의 수업 철학은 무엇인가요? 수업 스타일은 어떤 방식인가요? 수업할 때 기분은 어떤가요?

나의 수업 스타일은

\-------------------------------------

\-------------------------------------

\-------------------------------------

* 학생들과의 관계는 어떠한가요? 어떤 면에서 만족하고, 어떤 면을 보완하고 싶나요?

나는 학생들과의 관계가

----

* 학생들, 학부모와의 상담을 하는 도중 또는 상담을 마치면 어떤 기분이 드나요?

나는 상담을 하는 중이나 상담을 마치고 나면

----

* 월급을 받을 때는 어떤 생각이나 말을 하나요?

----

* 업무를 어떻게 하고 있나요? 업무를 생각하면 어떤 생각이 드나요?

\------------------------------------

\------------------------------------

\------------------------------------

* 학교를 생각하면 어떤 생각이 드나요?

나는 학교를 생각하면

\------------------------------------

\------------------------------------

\------------------------------------

* 자신의 건강은 어떠한가요? 건강을 위해 하는 것이 있나요?

\------------------------------------

\------------------------------------

\------------------------------------

* 퇴근 후 시간을 어떻게 보내나요?

\------------------------------------

\------------------------------------

\------------------------------------

♥ 여러분이 쓴 답변들을 쭉 읽어 보세요. 그것이 현재 당신이 가지고 있는 셀프 이미지입니다. 답변들 중에서 본인이 마음에 들거나 긍정적으로 보이는 부분이 있을 것이고 마음이 편하지 않고 부정적으로 보이는 부분도 있을 것입니다. 마음에 드는 부분에 빨간 선을 긋고, 마음에 들지 않거나 보완되었으면 하는 부분에 파란 선을 그어 주세요. 그리고 빨간 선과 파란 선을 친 부분들을 찬찬히 읽어 보면서 그대로도 충분히 좋을 것 같은 생각이 든다면, 문장 옆에 'O'를 표시하세요. 앞으로 남은 교직 생활 동안, 이를 개선하고 싶다면, 문장 옆에 '★'를 표시하세요. 만약 지금의 셀프 이미지에서 나아가 보다 긍정적인 편안함을 느끼고 싶다면, 이것을 새롭게 전환시킬 용기가 필요합니다. 이때 필요한 용기는 '다르게 바꿔 보고 싶다'고 마음속으로 결심하는 것만으로도 충분합니다. 일단 마음부터 먹어 보는 것입니다.

2) 원하는 셀프 이미지 만들기

지금부터는 현재의 셀프 이미지를 원하는 셀프 이미지로 바꾸어 적어 보겠습니다. 이 작은 끄적임은 정말 특별한 가치가 있습니다. 이 작은 행동이 습관이 되고 습관이 운명을 만들기 시작할 것입니다.

먼저, 이 책이 소원을 들어주는 '마법 책'이라고 생각해 볼까요? 여기에 쓰는 것은 무엇이든 이루어집니다. 이제 ★표를 친 문장을 자신이 원하는, 긍정적인 방향으로 바뀐 모습으로 바꿔 적어 보려고 합니다. 순수한 어린 시절로 돌아가서 원하는 소원을 적는 것처럼 열린 마음을 가지고, 되고 싶은 것, 하고 싶은 것이 있으면 적습니다. 정말로 원하는 모습으로, '학교에서는 이렇게 일했으면 좋겠다.'라는 바람을 적어 보세요. 긍정적인 표현이 과하다 싶을 정도라도 좋습니다. 현실적으로 재능이 없고 모자란 상태라고 생각되어도 제한을 두지 마시고, 정말 자신이 원하는 모습 그 이상을 즐기면서 적어 보는 겁니다. 수업이 재미없고 학생들의 반응이 없는 수업에서 벗어나고 싶다면, 그래서 수업을 정말 잘하는 교사가 되고 싶다면, '나는 수업의 신이다. 수업이 너무 재미있다.'라고 적는 정도로 말입니다. '학생이나 학부모님과의 상담은 많은 부담이 되고 상담을 마치면 제대로 잘 못한 거 같고 깔끔한 기분이 들지 않는다.'를 '나는 학생이나

35

학부모와 상담을 하는 게 편안하고 늘 감사를 받는다.'로 바꾸어 쓰는 것입니다.

'월급을 받을 때 이렇게 고생하는데 이것밖에 못 받나 하는 생각이 든다.'를 '내 월급은 풍요 그 자체이다.'로 바꾸어 씁니다.

'업무를 생각하면 실수할까 봐 걱정이 앞서고 상사 앞에서 잘하고 있는지 부담되는 마음이 들기도 한다.'를 '나는 업무가 너무 쉽고 잘 해낸다.'라고 바꾸어 쓰는 겁니다.

이렇게 선언하듯이 쓴 문장을 '확실하게 말한다.'라는 뜻으로 '확언'이라고 하는데요, 자신이 원하는 셀프 이미지가 마치 지금 이루어진 것처럼 명확하게 쓴 문장은, 나에게 긍정적인 영향을 주기에 '긍정 확언'이라고 합니다. 긍정 확언을 쓸 때는 '나'를 주어로 하며, 긍정적인 표현으로, 현재시제 또는 과거시제로 끝을 맺습니다. 원하는 바가 지금 당장 이루어져 '~한다. ~하고 있다.'와 같은 '현재시제'로 쓰거나, 이미 이루어져 추억하는 상태, '~했다.'와 같은 '과거시제'로 마무리하는 겁니다. 조선의 대학자 율곡 이이는 『격몽요결』에서 이렇게 말씀하셨습니다. "학문을 하는 데 제일 먼저 필요한 것은 곧 입지(立志)다. 입지란 글자 그대로 뜻을 세우는 것이다. 학문에서 입지를 세우는 것은 올바른 길을 행하기 위해서 움직이지 않고 확고한 마음을 정하는 것이다."

형식	예전의 셀프 이미지	→	원하는 셀프 이미지	→	긍정 확언
	거울 속 현재 모습	→	'이랬으면 좋겠다'	→	나는 ~하고 있다, ~이다
예 1	수업이 재미없고 힘들다	→	학생들과 함께 수업을 잘하는 교사가 되고 싶다	→	나는 재미있는 수업의 신이다
예 2	업무가 너무 많고 힘들다	→	업무가 쉽고 편했으면 좋겠다	→	나의 업무는 너무 쉽고 편하다

제가 요즘 다이어리 앞 장에 적어 놓은 긍정 확언은 아래와 같습니다.

나는 건강하고 늘씬하고 멋있는 교사이다.

나는 생명과학 수업을 너무 재미있고 즐겁게 하고 학생들에게 늘 감사함을 받는다.

나는 학생들, 학부모와 상담하는 것이 편안하고 학생들에게 도움이 된다.

나의 업무는 너무 쉽고 재미있다.

같이 일하는 모든 동료들에게 감사하다.

학교는 나에게 편안한 곳이고 기쁨을 주는 복덩이 장소이다.

나에게는 돈, 시간, 건강, 지혜, 사랑이 평생 넘쳐흐른다.

때에 따라 긍정 확언이 추가되거나 수정될 수도 있습니다. 학교에 중요한 일정이 잘 이루어지길 원하면, 날짜도 구체적으로 적어도 좋습니다. 예를 들면, '<u>나는 올해 7월 12일까지 수행평가와 지필평가를 순조롭고 완벽하게 마무리했다.</u>', '<u>나는 올해 7월 15일까지 생활기록부 작성을 깔끔하게 마무리했다.</u>'라는 식입니다. 날짜는 조금 변경될 수 있지만 그즈음 되면 중요한 일정을 순조롭게 잘 소화해 내고 있을 것이라는 선언을 하는 겁니다.

저는 위의 긍정 확언과 함께 제자와 다른 사람들을 위한 확언도 읽는데요. 〈제자들을 위한 기도〉에서 맨 마지막 줄은 걱정이 되고 관심이 필요한 학생의 이름을 적어 넣습니다.

이렇게 아침에 원하는 셀프 이미지가 담겨진 긍정 확언을 반복해서 읽는 이유는 무엇일까요? 앞서 말했듯이 우리는 과거의 경험에서부터 비롯된 무의식과 내면 언어로, 우리도 모르게 과거의 셀프 이미지를 겉으로 표현해 왔습니다. 긍정 확언을 반복해서 읽으면 긍정의 내면 언어가 무의식에 새겨지기 시작합니다. 이것은 과거의 셀프 이미지가 점차 사라지고, 원하는 셀프 이미지가 만들어지는 것을 도와

줍니다. 매일 아침 한 번 읽어 주는 것만으로도 우리의 몸과 마음은 새로운 모습으로 변화하기 시작합니다. 꾸준히 평생 아침 보약을 먹고 하루를 시작한다는 마음으로 긍정 확언을 읽는다면, 무의식과 내면 언어는 바뀔 것이고, 점차 우리 주변에서 그것을 이뤄 주려고 돕고 나설 것입니다. 붓다께서는 일찍이, "그대가 생각하는 대로, 되어 간다. 그대가 느끼는 대로, 끌어들인다. 그대가 상상하는 대로, 창조해 낸다. 마음은 강력한 것이다. 매 순간 긍정적 사고로 채우면 더욱 나은 삶으로의 변화가 시작될 것이다."라고 말씀하셨습니다. 긍정 확언을 하는 것은 과거를 힘들게 지우고 현재를 새롭게 바꾸는, 억지스러운 노력을 요구하지 않습니다. 밝고 따스한 햇볕은 늘 우리를 감싸고 있는데, 우리가 등을 돌리고 그림자만 봐 왔던 것입니다. 고개를 약간 돌리고 몸을 뒤로 돌려 서기만 해도 늘 그 자리에 있던 햇살을 얼굴과 온몸 가득 마주할 수 있습니다. 살짝 시원한 바람이 불어오면 그 기분을 느끼기만 하면 됩니다. 아침 시간 5분 동안, 나를 비추는 사랑스럽고 건강하고 풍요롭고 선하고 밝은 햇살 안에 있음을 매일 상기하는 것만으로도 효과는 크게 돌아옵니다. 햇볕의 따스함과 무한함은 그림자의 크기보다 백만 배 넓습니다. '긍정'이 '부정'보다 백만 배 강함을 저는 믿습니다.

여러분도 자신의 긍정 확언을 만들어 보세요. 여기에 내가 그런 존재임을 인정받을 수 있는 객관적인 근거를 찾아야 쓸 수 있다는 생각은 하지 않으셔도 됩니다. 그동안 분석, 비판, 팩트 체크는 충분히 하지 않았나요?(부드러운 미소) 앞에서도 말했듯이 아이와 같은 마음으로 정말 원하는 모습을 쓰는 겁니다. 연예인과 같은 외모를 갖고 싶다면 그렇게 쓰셔도 됩니다. 우리 학교에서만큼은 내 과목에서 '1타 강사'가 되고 싶다면 그렇게 쓰셔도 됩니다. 꿈을 크게 가지십시오. 당신은 충분히 그럴 자격이 있습니다.

♥ 긍정 확언 선언하기 ♥

먼저, 당신의 외모, 수업 스타일 등에 대해 원하는 모습을 떠올린 후, 긍정 확언 형식(주어+긍정문+현재시제)으로 바꿔 적어 보세요.

* 나의 외모는

----

* 나의 수업 스타일은

----

* 나는 학생들과의 관계가

----

* 나는 상담을 하고 나면

----

* 돈은 나에게

----

* 나는 업무를

----

* 학교는

----

* 나의 건강은

----

* 나는 퇴근 후

♥ 여기까지 진지하게 적어 주셨다면 여러분은 오늘 굉장한 일을 한 것입니다. 오랫동안 쌓인 과거에 파묻힌 나 자신에 대한 이미지를 인정하고 원하는 새로운 이미지를 발견한 것, 더 나아가 이미 이루어졌음을 또박또박 적었으니까요.

오랜 세월 지혜로운 사람들이 쓴 많은 책들에 의하면, 사람의 마음은 보이지 않지만, 그 힘이 정말 강력해서 세상 끝까지 퍼져 나간다고 합니다. 세상 모든 사람들, 사물들의 마음은 하나의 그물망처럼 연결되어 있기에 이어서 전파되는 것입니다.

생각하는 것을 말로 하거나 글로 적는다면 마음의 힘은 더욱 세어져 널리 널리 곳곳에 퍼지게 됩니다. '나는 이런 사람이다.'라고 여러분 쓴 긍정 확언은 나 자신에게 새로운 나를 인지시켜 주는 것이고 세상에도 조용하지만 강하게 선언하는 것입니다. '현실의 나와 너무 다른데?' 하고 망설이거나 부정하지 말고 어릴 적 상상의 일기를 쓰듯 마음의 한계를 없애고 마음껏 확언을 쓰시면 됩니다. 이젠 무의식 속에 남은 예전 이미지가 사라질 시간만 남았습니다. 그리고 새로운 셀프 이미지가 이루어질 타이밍이고요.

3) 나를 세상에 외치기

매일 아침 마치 지금 그런 사람이 된 것처럼 감정을 그대로 느끼면서 긍정 확언들을 크게 읽어 봅시다. 만약 제가 학생과 수업을 하는데 너무 재미있고 학생들도 즐거워하고 존경을 표시한다면 어떤 기분이 들까요? 저 같으면 약간 기분이 상승되면서 여유가 느껴지는 듯 어깨가 으쓱하고 가슴도 펴지는 느낌이 받을 것 같습니다. 이런 기분 그대로 느끼면서 긍정 확언을 읽어 봅시다.

내가 늘씬하고 건강하다면 어떤 기분이 들까요? 평소에 입고 싶었던 옷도 사 입고 기분이 산뜻할 것 같습니다. 처음에는 거울에 보이는 나를 보면 '말도 안 된다. 나 지금 혼자 뭐 하고 있나?'라는 생각이 들 수도 있습니다. 그렇지만 만약 여러분이 어제보다 더 나은 현재를 만나고 싶다면, 정말 절실하다면, 그렇게 해 보세요. 변화시키고자 하는 마음이 이런 실행을 이끌어 낼 수 있습니다. 처음에는 확언들을 소리 내어 조용히 읽기만 해도 괜찮습니다. 그리고 며칠 익숙해지면 읽으면서 그런 사람이 되었을 때의 기분, 감정을 잠시 느끼는 겁니다. 하루의 시작을 나에게 가장 건강한 보약 한 그릇 마신다고 생각하고 기분 좋게 긍정 확언들을 읽는 겁니다. 아침은 하루를 여는 때이고 햇볕이 들어와서 기운찬 에너지를 우리의 몸에 비추는 첫 시간입니다. 아침에 일어나자마자 하는 생각들과 행동들이 하루의 기분과 일에 많은 영향을 주기 때문에 기상 직후의 마음가짐을 소중하게 생각해야 합니다. 눈을 뜨자마자 부정적인 뉴스나 가십거리를 스마트폰으로 확인하거나 어제 있었던 기분 나쁜 일을 곱씹는 것보다 훨씬 좋은 것은, 의식적으로 좋은 기운을 주는 일과 말을 시작하는 것이라고 합니다. 눈 뜨자마자 기지개를 쭉 펴고 물 한 잔을 마신 후 읽는 긍정 확언 5분 읽기는 몸과 마음이 가장 큰 선물을 받고 하루를 시작하는 것과 같습니다. 주변 상황과 환경이 어떠할지라도 나의 하루를 시작하는 데 있어 내가 원하는 가장 행복하고 건강하고 유능한 사람임을 나에게 말해 주는 겁니다. '나'(제2의 부모)에게 듣고픈 가장 좋은 말을 '내'(자녀)가 일어나자마자 듣는 것입니다. 머리를 부드러운 손길로 쓰다듬어 주는 온기를 느끼면서 말이지요. 그리고 그 에너지는 지구 끝까지 퍼져 나가서 당신에게 그 이상의 기쁨의 에너지들을 데리고 올 것입니다.

한 문장 한 문장 또렷하게 읽으면서 자신이 우아하고 멋있는 모습으로 학생들과 함께 수업을 즐겁고 재미있게 하는 상년을 생각해 보세요. 학생과 학부모와 상담을 하는데 편안하게 잘 이루어지고 상대방의 감사를 받는 것을 상상해 보세요. 업무가 쉽고 순조롭게 잘 이루어지는 장면을 상상해 보세요. 생각만 해도 입가에 저절로 미소가 지어지고 기분이 좋습니다. 모든 것이 감사할 따름입니다. 저는 이런 바람들이 이루어지길 너무나 절실하게 원했기 때문에 매일 아침 한 문장 한 문장 읽어 내려갔습니다. 고사리 같은 두 손을 모아 달님을 향해 소원을 비는 아이처럼, 순수한 바람이 담긴 확언들을 읽는데 5분이 채 안 걸리더라도 당신의 하루에 점점 변화가 생기는 것을 발견하시게 될 겁니다. 이 확언은 다이어리의 맨 앞쪽에 써도 좋고, 매년 연초, 학기가 바뀔 때, 필요에 따라 수정하셔도 됩니다. 거실에 있는 거울이든, 책상이든 써 놓고 붙여 놓아도 좋습니다. 긍정 확언을 집 안 곳곳에 붙여 놓으면 자주 지나가면서 보게 되니 더욱 효과가 좋습니다. 어떤 순간이든 결코 늦지 않았습니다. 무슨 일이든 시작하기 가장 좋은 시기는 하겠다고 결심한 그 순간부터입니다.

하루, 이틀 사이에도 꿈틀꿈틀 미미하게 느껴지기 시작합니다. 한 달, 한 학기, 일 년이 지나고 보면 신기하게도 어느새 새로운 사람이 되어 있는 것을 발견할 수 있을 겁니다.

에피소드 ― 나의 외모 셀프 이미지 변천사

저의 현재 외모 셀프 이미지는 '건강하고 늘씬하고 멋있는 교사'입니다. 저의 외모 변천사는 매우 다채롭습니다. 신규 발령을 갓 받았을 때는 정장을 입고 다녔고 풍성한 펌을 한 헤어스타일이었습니다. 그런데 수업이나 일적인 면에서 마음고생을 많이 한 이후로 수업만 잘하는 교사가 되자고 생각해서 30대에는 외모에 거의 신경을 안 쓰고 다녔습니다. 어떤 자기 계발서를 읽고 나서는 나의 본연의 모습을 사랑하겠다는 결심을 하고 외모로 평가받지 않겠다는 생각으로 더욱 편한 옷과 간단한 화장만 하고 다녔습니다. 그 후, 다이어트를 하면서 날씬해졌지만, 셀프 이미지가 '나는 다이어트가 어렵다. 나는 살이 잘 찐다.'였는지 다시 원래 몸무게로 돌아왔습니다. 그러던 어느 날, 책을 통해 '현재 내 모습은 내가 마음속으로 그리고 있는 사람이다.'라는 셀프 이미지 개념을 알게 되었습니다. 자신이 스스로를 '나는 살쪘어.'라고 생각하고 있다면 나는 계속 통통한 몸을 유지할 것이고, 내가 나를 '대충 입고 다니는 교사'로 그리고 있다면 나는 계속 그 모습을 유지한다는 것인데요. 편하게 입고 다니는 저의 모습이 제가 진정 원하는 것이라기보단 어린 시절 보았던 주변 어른들과 교사들의 모습을 머릿속에 담아 두고 그대로 표현해 왔던 것이라는 생각이 들었습니다. 살을 빼는 게 싫고 잘 안되니 남들의 평가에 휘둘리지 않겠다고 스스로 합리화하고 있다는 생각도 들었습니다. 그 즈음, 유럽에서 사업을 하면서 사람들과 즐겁게 어울려 살고 건강하고 우아한 모습의 캘리 최 회장님을 보고 나도 저렇게 멋있게 나이 들고 싶다는 생각을 했습니다. 그 후 조깅을 하는 건강한 모델의 사진을 구해서 책상에 붙여 놓았습니다. 매일 아침 '나는 늘씬하고 납작한 배를 가지고 있다. 내 몸은 지혜로워서 자는 동안에도 살이 빠진다.'라는 긍정 확언을 외치고 몸이 늘씬한 모습을 상상하면서 조금씩 행동에 변화가 생겼습니다. 퇴근 후에는 운동을 하며 건강한 식단으로 먹기 시작하고 나의 몸이 다 알아서 잘할 것이라고 믿어주니 3개월 후 7kg을 감량하며 예전보다 훨씬 날씬한 몸을 가지게 되었습니다.

몸무게가 더 나갈 때보다 몸에 힘이 더 생기고 활기찬 에너지도 느껴졌습니다. 더불어 생각의 변화가 생기고 입고 다니는 옷에도 변화가 생겼습니다. 단순히 몇 학년 몇 반의 담임, 생명과학 교사가 아니라 '교사 성지현'이라는 브랜드를 가져 보자는 생각이 들었습니다. 그랬더니 평소 존경하는 인플루언서들의 옷차림들이 보이게 되었고 '우아하고 근사하게 보이고 싶다.'라는 확언을 하면서 새로운 셀프 이미지를 장착했습니다. 우아하고 근사한 새 옷을 사고 깔끔한 액세서리도 구입을 했습니다. 브랜드 전문가 박재현 씨가 한 인터뷰에서 "내 자체가 브랜드이다. 지금 입고 있는 가죽 재킷은 불편해서 팔도 안 접히지만, 일하는 자리에서는 기꺼이 입는다."라고 말하는 모습을 보고, 스스로의 브랜드를 만드는 프로페셔널한 태도에 감동을 받았습니다. 그분이 입은 가죽 재킷과 스타일이 정말 인상적이었기 때문입니다. 직장에서 활동하기 불편한 옷을 입자, 편안한 옷이 자기 개성을 나타내는 데 방해한다는 것을 말하기 위함이 아닙니다. 나의 직장에서 스스로 나만의 브랜드가 되는 것. 누가 알아주지 않는다고 해도, 승진을 하는 데 도움이 되는 것이 아닐지라도 스스로 나를 브랜드로 만들어 주고 나를 멋있게 돌봐 주는 것이 필요함을 말하고자 합니다. 외모뿐 아니라 수업과 일에 더욱 정성을 쏟아 나만의 브랜드를 탄탄하게 다지고자 했습니다. 어느새 자신감, 자존감이 한층 단단해지기 시작했습니다. 이제는 잠자기 전에 미리 내일 입을 옷을 생각해 두어 출근 준비 시간을 줄여서 쓰고, 아침 화장대 앞에서 거울을 보면서 깔끔하게 화장을 하고, 향긋하고 은은한 향수를 살짝만 뿌리고, 시계를 차며 스스로에게 기분 좋은 에너지를 북돋우며 출근을 합니다. 신기한 것은 그때만큼은 어깨가 으쓱해지고 향긋한 선물을 받는 기분이 든다는 것입니다. 지금 이 책을 읽는 당신도 조금 더 멋있는 셀프 이미지를 만들고 업그레이드된 모습으로 활기찬 하루를 시작하시길 응원합니다.

3

매일 성공적으로 하루를 보내는 방법

1) 시간 관리 비법! 모닝 감사 일기 쓰기

저는 매년 1월에 견고해 보이고 깔끔한 다이어리 한 권을 사서 다이어리의 앞 장에는 긍정 확언이 쭉 써 놓습니다. 아침에 일어나 침구를 정리하고 물을 두어 잔 마시고, 가벼운 스트레칭을 한 후, 다이어리를 펴면서 긍정 확언들을 읽어 내려갑니다. 그리고 오늘 중요한 일정이 있는 것을 미리 살펴봅니다. 그날 수업 시간표를 미리 적어 놓고 그 수업에서 원하는 장면을 간단하게 적어 놓습니다. 그리고 그것이 이루어진 것을 믿고 감사하는 문장을 씁니다. 예를 들어, '차분하고 행복한 1—7 수업 감사합니다.'라고 적습니다. 비는 시간에는 '수업 연구', '생활기록부 기록', '수행평가지 점검' 등 해야 할 일들을 적절히 안배하면서 때에 따라, '오늘 수행평가가 순조롭게 진행되고 잘 마무리되어 감사합니다.', '오늘 ○○○의 학부모와 서로 감사하면서 상담이 잘 끝나서 감사합니다.' 등등으로 써 놓습니다. 이것을 '모닝 감사 일기'라고 합니다. 아침에 긍정 확언을 읽고, 모닝 감사 일기 적는 시간을 모두 합치면 15분 정도 걸립니다. 이렇게 적은 것들을 사진을 찍어 둡니다. 출근해서 책상에 앉으면 이것을 업무 다이어리에 옮겨 적고 메신저의 메시지 내용을 추가하면서 그날 하루 제가 시간을 쓰는 과정들을 다시 한번 파악합니다. 그리고 매시간 다이어리를 확인하며 할 일을 합니다.

이렇게 하기 전에는 학교에 출근해서 쌓여 있는 메시지들을 확인하고 허둥지둥 일을 하는 데 급급했었습니다. 반 아이들에게 메시지를 전달하랴, 수업하러 들어가랴, 해야 할 업무들을 따라가랴 어느 하나 집중이 잘 되지 않았습니다. 빠뜨리는 일이 잦았고 일에 집중이 잘 안 되고 뒤늦게 연락이 오면 하기 바빴습니다. 남는 시간이 생겨도 어영부영 흘려보내기 일쑤였습니다. 학교에서 하라고 하는 일정에 매일매일 뒤쫓아 가는 기분이었습니다. 누군가를 뒤쫓아 가고 따라가는 기분은 그렇게 유쾌하지 않습니다. 사람은 스스로 결정하고 주도적인 행동을 할 때 자유와 기쁨을 느끼기 때문입니다. 정해진 일정에 맞춰 해야 할 일들을 계속 쫓아가는 기분이 드는 것과 일을 파악하고 능동적으로 시간을 조절해서 쓰는 기분은 차이가 납니다. 모닝 감사 일기를 통해 집에서 간단한 일정을 파악하고, 학교에 가서 한 번 더 일정을 살피고, 추가로 오는 일들을 첨가하는 루틴을 시작하면서 시간과 업무의 주인이 되기 시작했습니다.

학교에서 하루 일정을 짤 때는 중요하고 기한이 급한 일을 먼저 배분합니다. 내일의 수업 연구, 오늘 제출해야 할 문서 작성 등이 그 예가 되겠지요. 기한이 남아 있는 일은 걸리는 시간을 예상하여 언제부터 할지 적어 놓습니다. 하루 만에 할 수 있는 일 같은 경우에는 전날에 하기로 달력에 표시할 수 있습니다. 생활기록부를 기록하는 일같이 시간이 걸리는 일은 며칠 전부터 양을 배분해 놓고, 하루 일정에 참고합니다. 매일 할 분량만 해결하면 기한 내에 완성할 수 있습니다. 끝으로 장시간 SNS를 하거나 동료와 잡담하는 시간은 중요한 일들이 끝나면 하는 게 좋을 것 같습니다. 중요한 일들을 할 시간을 미리 안배해야 중요하지 않은 일들이 귀중한 시간을 낭비하는 것을 막을 수 있습니다.

그리고 '3교시에 어떤 일정을 한다'라고 정해지면, 그 시간 안에 반드시 해낸다는 생각으로 집중해서 완성하도록 하는 습관을 길러 보세요. 시작 시간을 확인하고 목표 시간을 잡은 후, 속으로 '준비 시작!' 하고 외치면서 시작합니다. 집중을 해도 추가 시간이 필요할 수 있지만, 집중하지 않으면 더 많은 시간이 걸릴 수 있습니다.

이렇게 일정을 관리한 후부터는 중요한 일의 기한을 어기는 일이나 빠뜨리는 실수가 줄어들고 남는 여유 시간에는 미리 필요한 일들을 해 놓을 수 있었습니다. 1주일, 한 달, 한 학기의 동향을 파악하기 쉽고 의외로 시간을 벌면서 일을 해내고 있는 자신을 발견하게 됩니다. 물론 다른 일정이 갑자기 생길 수가 있고 계획들이 모두 다 지켜지지는 않습니다. 그럴 땐 중요하고 급한 일을 우선적으로 하고 내일 다시 채워 넣으면 된다고 생각하고 넘깁니다. 계획을 못 지킨 것으로 자책하는 것보다 매일 꼭 해야 할 일을 지키는 것을 기본으로 하고 나머지도 최대한 체크하며 시간들을 소중히 쓰려고 합니다. 바쁜 하루를 보내고, 집중을 많이 하고 나면 일이 손에 잡히지 않을 정도로 피로한 때도 있습니다. 그때는 우리 몸이 현명해서 휴식을 취하자고 얘기하는 때입니다. 그럴 때는 잠깐 쉬어 가면서 에너지를 보충해 주고 스스로 수고했다고 다독여 줍니다.

1년의 학사 일정을 책상 옆에 붙여 두면 한 해 동안 해야 하는 전체적인 행사의 흐름을 파악할 수 있습니다. 저는 매달 초에는 다이어리의 한 달 달력을 펴서 이달의 목표를 크게 적습니다. '행복하고 기쁜, 차분하고 완벽한 10월! 감사합니다!' 이런 식으로 그 달에 원하는 목표를 우선 적습니다. 그리고 주요 일정들을 적습니다. 그리고 매주 일요일 밤이나 월요일 아침에는 시작하는 한 주의 주제를 확인합니다. 이번 주는 수행평가가 있는 주, 생활기록부를 적는 주 등을 정하여 그 주의 주요 행사를 마무리할 것을 표시해 놓습니다. 그에 맞게 매일 모닝 감사 일기를 쓰고 출근해서 학교 다이어리에 정식으로 쓰면서 오늘 할 일들을 파악하는 시간을 가집니다.

"매일 아침 일어나 일과를 계획하고 그 계획을 실행하는 사람들은 극도로 바쁜 미로 같은 삶 속에서 길을 헤매지 않고 찾아갈 수 있는 실을 지니고 있다."라고 작가 빅토르 위고가 남긴 말처럼 매일 아침 15분을 이렇게 시작하면서 당신은 하루 시간의 주인이 될 수 있습니다.

♥모닝감사일기쓰기♥

당신은 방금 단잠에서 깨어났습니다. 창으로 비친 햇살이 따뜻하고 눈부시며, 방 안 공기는 상쾌합니다. 해를 바라보며, 물 두 잔을 마시고, 스트레칭을 간단히 한 후, 다이어리를 폈습니다.

쓰는 팁!

① 수업 시간에 'ㅇ학년 ㅇ반 ㅇㅇ하는 수업이 이루어져 감사합니다.'의 형식으로 적어 주세요.
② 비는 시간에는 오늘 중 해야 할 '가장 중요하고 급한 일'을 채워 주세요.
③ 또 남는 시간에는 '시간이 걸리고 급하지 않은 일'을 오늘 할 수 있는 분량만 넣어 채워 주세요.

---

* 첫날, 모닝 감사 일기를 적어 봅시다.

(　　)년 (　)월 (　)일, (　)요일 오전(　　)시

— 1교시:

— 2교시:

— 3교시:

— 4교시:

— 점심시간:

— 5교시:

— 6교시:

— 7교시:

* 다음 날, 모닝 감사 일기를 적어 봅시다.

(　　)년 (　)월 (　)일, (　)요일 오전(　　)시

— 1교시:

— 2교시:

— 3교시:

— 4교시:

— 점심시간:

— 5교시:

— 6교시:

— 7교시:

퇴근해서 집에 오면 오늘 있었던 일 중에 감사한 일들을 3개 정도 찾아 쓰는 일을 합니다. 그리고 각 문장 끝에 괄호를 만들어 감사한 일들과 연관되는 '복'의 종류를 적어 놓습니다. 저는 이것을 '이브닝 감사 일기'라고 지었습니다. 이 방법은 《더 해빙》(저자 이서윤, 홍주연)에서 나온 '가진 것에 집중하는 일상 기록법'의 도움을 받은 것입니다. 이브닝 감사 일기를 적은 예를 들어 보겠습니다.

— 오늘은 월급을 받아서 감사합니다. (돈복)
— 오늘 옆에 동료가 간식을 나눠 주서서 감사합니다. (먹을 복)
— 집에 아이들이 건강하여 감사합니다. (자식 복, 건강 복)

이와 같이 소소하게 있었던 감사한 일들을 적고 건강 복, 집 복, 돈 복, 날씨 복, 여행 복, 자식 복, 남편 복, 아내 복 등 무수한 '복의 종류'를 붙여 적습니다. 너무 하루가 힘들었던 날에는 감사하다는 말이 나오지가 않는 때도 있습니다. 그럴 때에도 책상에 앉아 조금 더 힘을 내어 다이어리에 정말 작은 것이라도 찾아서 씁니다.

— 저에게 월급 주는 직장이 있어서 감사합니다. (직장 복)

— 운전해서 출근할 수 있는 자동차가 있어서 감사합니다. (자동차 복)

— 급식이 나와서 제가 차려 먹지 않고 편하게 먹게 해 주셔서 감사합니다. (먹을 복)

— 출근하면서 입고 갈 옷 한 벌 주심에 감사합니다. (옷 복)

감사하고 행복한 것은 거창하고 특별해야 한다고 생각하면, 웃을 일이 별로 없습니다. 그런데 우리 삶을 자세히 들여다보고 '감사하다'고 이름 붙여 보면, 도처에 감사한 일들로 가득 차 있음을 느낄 수 있습니다. '감사하다'는 문장 속에는 큰 힘이 있습니다. 이미 자신이 가지고 있기에 풍요롭고 편안하다는 의미가 담겨 있습니다. 풍요로움의 에너지는 보이지 않지만 먼 곳까지 전달되어 다른 풍요로움과 편안함을 끌어당깁니다. 감사 일기를 습관처럼 쓰다 보면 생활 속에서 사소한 기쁨들을 찾아내는 능력이 더 길러지게 됩니다. 특히, 몸과 마음이 힘들 때일수록 이 능력은 진가를 발휘합니다. 소소하고 작은 일상에서 감사함을 찾아 글을 쓰면서 내가 가진 건강한 손가락 열 개, 숨 쉴 수 있는 공기, 입고 있는 옷 한 벌을 보면 어느 것 하나 세상으로부터 받지 않은 게 없다는 생각이 듭니다. 그 충만함에 몸과 마음도 충전됩니다. 오늘, 그럼에도 불구하고 세상에 받은 게 너무 많다는 것을 깨닫게 됩니다. 하루의 마지막을 긍정으로 마무리 지은 감사의 문장은 나의 마음을 안아 주고 온 세상에 전달됩니다. 다음 날에는 더 긍정적인 하루가 다가오게 하는 원동력이 됩니다. 이런 감사 일기에 '복'을 세 개나 받았음을 확정해서 적었기 때문에, 오늘은 복 받은 날로 마무리 지어지고, 내일은 더 많은 복들이 굴러 들어올 것입니다. 일주일이면 21개의 복들이, 한 달이면 90여 개의 복들이, 1년이면 1,100여 개의 복들이 다이어리에 채워져 있습니다. 쓰면 쓸수록 복이 넘치는 나날들입니다.

다른 해에 비해 무척 학교 일이 어려운 해가 있었습니다. 매일이 심적으로 힘든 나날들이었지만 저녁이 되면 꼭 챙겨서 작은 것들을 찾아 감사 일기를 썼습니다. 그해 겨울 어느 날, 다이어리를 훑어보다가 감사한 것들로 가득 채워 놓은 다이어리 속 문장들을 보았습니다. 분명히 기억상으로는 시간이 엄청 길게 느껴진 해였는데 소소한 긍정으로 가득한 다이어리를 보니 '내가 참 잘 지냈구나.' 하는 생각이 들면서 지나간 기억들이 꿈같이 희미하고 멀게 느껴졌습니다. '한 해 동안 많이 컸다. 잘 성장했다.'라고, 잘 이겨 냈다는 생각이 들었습니다. 어려운 시절을 잘 보냈으니 더 좋은 날이 오겠다는 희망도 생겼습니다. '감사합니다.'라는 말은 다른 어떤 말보다도 큰 긍정의 에너지를 가진다고 합니다. 오늘 하루를 어떻게 보냈다고 하더라도, 나의 오늘 하루를 풍요로운 말, '감사합니다.'로 마무리해 봅시다. 삶의 기둥이 되고 자산이 되는 든든한 자존감은 이런 작은 소소한 습관에서부터 만들어집니다.

위의 방법들을 실천하게 되면 처음엔 잘 못 느끼지만 어느새 기분 좋은 느낌들이 내면에서부터 올라올 것입니다. 1주일, 1달, 1학기 동안 아침 15분, 저녁 10분, 딱 25분을 나만의 시간으로 갖다 보면, 시간을 효과적이고 주체적으로 쓰게 됩니다. 생기와 풍요로움의 작은 눈덩이가 굴려져 점점 거대한 눈덩이가 되면서 직장 일에 훨씬 여유를 가지게 됩니다.

당신의 하루가 한마디로 '허둥지둥'이라면? 부정적인 일들이 가득한 학교 때문에 머리가 아프다면? 숙면을 취하지 못하고 자꾸 깨어 힘이 든다면? 15분 모닝 & 10분 이브닝 감사 일기를 적어 보시길 추천합니다. 2주 동안 매일 하루도 빠짐없이 적었으면, 자신에게 소소하지만 근사한 선물을 주세요. 카페에서 제일 맛있는 시그니처 커피를 먹는 여유, 시원한 영화 한 편 보는 재미. 무엇이든 좋습니다. 그리고 또 2주, 한 달, 한 학기를 하는 겁니다.

♥ 이브닝 감사 일기 쓰기 ♥

오늘 하루도 너무 수고 많으셨습니다. 깨끗하게 씻고 가벼운 옷으로 갈아입고 자신에게 주는 근사한 저녁 식사를 하세요. 그 후, 아래 3개의 하트 메모지에 이브닝 감사 일기를 써 봅시다. 오늘 있었던 소소한 감사한 일 3가지를 적어 봅니다. 문장은 '오늘 ~하여 감사합니다.'의 형식으로 완전한 문장을 적어 주세요. 문장 마지막에는 괄호를 붙여 앞 문장의 내용과 관련된 '복'의 종류를 적어 주세요.

우리는 종종 능력도 없으면서 허세를 부리는 사람을 비꼬아 '쟤는 대체 무슨 근자감이지?'라는 말을 쓰기도 하는데요. 《돈의 맛》이라는 책에서 저자 요시에 마사루 씨는 '근자감, 즉, 근거 없는 자신감'을 가지라고 합니다. 나에게 능력이 있든 없든 일단 능력이 있다고 생각하고 당당함을 가지자고 말입니다. 대체 그 무슨 비현실적인 얘기냐고 하는 질문에 '근거가 없으면 자신감이 없어 풀이 죽어야 하고, 근거가 있어야만 자신감을 가질 자격이 있는 거냐'고 반문합니다. 능력이 된다는 근거가 어디까지 있어야 '진짜 근거'일까요? 근거의 기준은 누가 정하는 걸까요?

그날부터 저는 '근자감'을 더 키우기로 결심했습니다. '근자감'을 기르고 내가 훌륭하고 멋있는 존재라는 기분을 느끼는 데에 긍정 확언은 큰 도움을 줍니다. 또 다른 방법은 나에게 무한히 사랑과 에너지를 주는 '노래'를 반복해서 듣는 것입니다.

제가 에너지를 뿜뿜 누리기 위해 듣는 노래들은 〈사랑의 향기는 설레임을 타고 온다〉(노래 임현정), 〈Happy birthday to you〉(노래 구혜선), 〈사랑스러워〉(노래 김종국), 〈보랏빛 향기〉(노래 강수지) 등이 있습니다. 이들 노래의 가사를 찬찬히 들어 보면, 노래를 부르는 '나'는 '그대'를 위해 장미꽃 한 송이와 책 한 권을 준비하고, '그대'로 인해 삶의 행복을 느낍니다. 그리고 '나'에게 사랑을 건네준 '그대'는 보랏빛 향기가 납니다. 온통 그대에 대한 사랑 고백으로 넘쳐나고 있지요. 저는 이들 노래를 들으면서 가사를 특별하게 음미합니다. 노래를 불러 주는 '나'는 '하늘, 땅, 온 세상'이라고 생각하고, 노래를 듣는 '그대'는 바로 '저'라고 생각하고 듣습니다. 이 노래들의 가사들을 들으면서 온 세상이 '나 자신'에게 바치는 곡이라고 상상해 보세요. 내 앞에 보이는 것들, 내가 딛고 서 있는 세상 모든 것들이 '나'를 위해 장미꽃 한 송이와 책 한 권을 준비했고, '나'로 인해 삶의 행복을 느끼고, '나'는 보랏빛 향기로 사랑을 건네주는 사람이라고 말합니다. 삶의 모든 것들이 나에게 손을 흔들고, 무조건 네 편이니 걱정 말라고 응원합니다. 온 세상이 당신에게 바치는 노래, 이렇게 든든하고 로맨틱한 고백이 또 있을까요? 연인, 배우자에게 받는 것이 아니라고 슬퍼할 필요 전혀 없습니다. (미소) 마음을 열고 반복해서 듣고 있으면 심장이 두근거리기 시작합니다. 영혼의 기쁨을 느끼고 우리의 몸이 즐거워하기 시작하는 것입니다.

날씨가 우울하게 느껴지거나 왠지 기분이 처진다면, 슬프고 애절한 노래를 듣는 것을 잠시 꺼 두시고, 그럴 때일수록 나에게 아름다움을 고백하는 노래를 반복해서 들으면서 기분 좋은 뮤직 샤워를 받아 보세요. 출퇴근 시간 차 안에서 내내 듣거나, 산책을 하는 동안 들으면 효과가 배로 나타납니다. 특히, 아침에 듣는 즐거운 음악 선물은 하루 종일 콧노래를 부르게 합니다.

♥ 기분 좋은 곡을 추천해 주세요 ♥

저에게 소개시켜 줄 좋은 곡들이 있다면, 추천해 주세요. 온 세상이
당신에게 고백하는 느낌을 음미하면서 가사를 또박또박 적어 주시
겠어요?!

* 제목: 가수:

* 가사

♥ 저의 인스타그램 주소(sungji_happy@instagram.com)로 좋은 곡
을 추천해 주시면, 많은 사람들과 함께할 수 있을 것 같습니다. 감사
합니다!

매일 마음이 풍요로운 교사가 되는 방법

교사들은 하루 중 가장 많은 시간을 학교에서 보내고 있습니다. 하루하루가 모여 1년이 되고 10년이 되고 정년까지 일한다면 교사들에게 '학교'는 '인생 자체'이기도 합니다. 하루하루는 별것 아니어 보이지만, 그 하루가 모여 '인생'이라고 하니 조금 진지해지네요. 우리의 인생이 정말 소중하다면 오늘 하루는 더 소중하게 보내야 합니다. 학교에서의 하루가 즐겁다면 우리는 즐거운 인생의 한 부분을 만든 것이고, 하루를 불만이 가득 차고 힘들게 보냈다면 우리 인생도 힘들게 보낸 것입니다. 누구도 나의 인생이 힘들기를 원하지는 않잖아요? 그러니 학교에서 즐겁고 기쁘게 지내는 방법이 있다면 한번 귀 기울여 들어 보시는 건 어떤가요? 오늘 하루를 내가 원하는 대로 만들고 싶다는 마음가짐만 있으면 충분하거든요. 나에게 일어나는 상황에 맞추어 되는 대로 생각하고 행동한다면, 나의 하루는 그 환경에 끌려가게 됩니다. 환경을 받아들이되, 주체적으로 만들어 간다면 내 하루의 주도권은 내가 쥐고 있는 것과 같습니다. 내 인생의 주인이 나라고 한다면 정말 재미있고 편안할 것 같습니다.

1) 커다란 하트 표를 내려 주기

저는 하루를 주도적이고 긍정적으로 만들기 위해 모닝 감사 일기를 적으면서 함께하는 의식이 있습니다. 긍정 확언을 읽고 나서 눈을 감고 몸을 편안하게 힘을 뺀 후, 학생, 동료, 학교 전체를 떠올리며 그들을 큰 하트 표로 감싸는 상상을 합니다.

먼저 수업 들어가는 반 학생 전체를 떠올리며 큰 하트를 하늘에서 내려 주는 것을 합니다. 1인칭 시점으로 내가 서 있으면 학생들이 저에게 두 손을 활짝 들어 하트 모양을 해 주면서 '고맙습니다.'라고 외치고 저도 '고맙습니다.'라고 말하는 상상을 하는 것입니다.

그리고 교무실에서 함께 일하는 동료들의 이름을 한 명씩 부르고 마주 보고 웃으며 하트를 내리면서 '감사합니다.'라고 말합니다.

끝으로 학교 전체 건물을 떠올리면서 큰 하트를 펑펑 내리는 것으로 상상을 마무리합니다.

앞서 말했듯이 세상의 모든 사물과 사람은 눈에 보이지 않지만 서로 그물처럼 연결되어 있다고 합니다. 마음속으로 누군가를 향해 좋은 생각을 하면 이 생각이 지구 반대편까지 전달됩니다. 마음속으로 누군가를 욕해도 그 생각이 먼 곳까지 전달됩니다. 그러니 어떤 상사를 속으로 미워하지만 겉으로는 감쪽같이 속였다고 해도 어느 순간 관계가 틀어지는 상황이 발생하거나 오해가 생기면서 사이가 소원해지는 상황이 만들어지게 됩니다. 믿기 어려우시다면 이런 실험을 해 봐도 좋습니다. 주변에 아무도 없고 혼자 있을 때 하늘을 보면서 짜증을 내고, 길가의 돌을 차고, 꽃을 꺾고, 벽에 낙서를 하고, 바닥에 침을 뱉는 행동을 딱 3일만 해 보는 것입니다. 어떤 일이 일어날까요? 이와 반대로 이런 실험을 할 수도 있습니다. 평소 관계가 무덤덤했던 동료나 학생 한 명을 정해서 속으로 장점을 칭찬하고 '고맙다'고 중얼거려 보세요. 그 사람이 즐겁고 풍요로운 시간을 보내는 상상도 하는 겁니다. 며칠 안 가서 그 사람과 친밀하게 대화하고 있는 자신을 발견하게 될 겁니다.

또한 인류의 위대한 스승들은 '먼저 주어야 받는다.'라는 말을 강조합니다. 내가 받고자 하면 반드시 먼저 주어야 한다는 뜻입니다. 내가 먼저 긍정적인 마음을 주지 않는데 상대방이 나에게 긍정의 기운을 줄 리가 있을까요? 이때 주고받는 것이 물질적인 것에만 해당하는 것은 아닙니다. 남에게 무언가를 줄 물질적인 여유가 없다 해도 괜찮습니다. 한 번의 미소, 감사의 마음, 친절한 인사, 배려 어린 말 한마디를 먼저 줄 수 있습니다.

제가 하는 아침 의식은 오늘 저의 가장 많은 시간을 함께 보낼 이들에게 제가 먼저 사랑을 보내는 것이지요. 사랑하는 연인도 아닌데 낯간지럽게 웬 하트 표냐고 하실 분도 있으실 것 같습니다. 아기자기한 하트 표가 아니더라도 큰 하트 하나면 되고 처음에는 어색하지만 계속하다 보면 익숙해질 것입니다. 중요한 건 아무도 제가 이렇게 고백하고 있는 것을 모르기에 부끄럽거나 민망해할 필요도 없다는 것입니다.(웃음) 그렇지만 저의 감사한 마음만은 그들에게 전했다는 것을 알고 있으니 아침부터 선물을 왕창 쏜 기분이 듭니다.

이렇게 하트 내리기를 하면서부터 학생들은 물론 동료들과의 관계가 실제로 훨씬 편안해지고 돈독해진 것을 느낍니다. 아침에 만나면 먼저 기분 좋게 인사를 하게 되고 주변의 분위기가 밝아짐을 느낍니다. 상대방들의 긍정적인 모습이 점점 눈에 띄니 소소하게 칭찬을 하게 됩니다. 주변에서 챙겨 주시고 서로 마음을 담은 정성을 주고받는 일도 많아집니다. 어려운 일이 맞닥뜨려도 따뜻하고 부드러운 말 한마디를 시작으로 서로 배려해 주며 해결할 수 있게 됩니다. 이런 일들을 접하게 되면 일하는 것 외에 동료와 사회생활을 하는 것이 재미있어지고 관계에서 오는 또 다른 기쁨이 있다는 것을 느낍니다. 불과 몇 년 전만 해도 마음대로 잘되지 않는 학교 안에서 늘 불평불만을 가지고, 학생, 동료, 학부모들을 원망했던 적이 많았습니다. 급기야 처음부터 좋지 않은 인상으로 만난 동료와 함께 같은 교무실에서 일하게 되면서 출근해서 퇴근할 때까지 교무실에 있는 게 괴로움 그 자체였습니다. 책상에 앉으면 원망, 분노, 피해의식이 가득했고, 그 동료도 나를 차갑게 대하고 있다고 느껴졌습니다. 그러기를 며칠, 이렇게 지옥(?)에 들어 있는 듯한 기분으로 교무실에서 1년 동안을 있을 걸 생각하니 끔찍했습니다. 내가 어떤 생각을 주로 하고 있는지 살펴보니, '왜 나를 대접해 주지 않나, 나는 당연히 받을 권리가 있다, 나를 무시하나.' 등의 내면 언어를 되뇌고 또 되뇌는 것이 보였습니다. 그리고 그 문장 속에 담긴 뜻을 헤아려 보니 진짜 속마음은 '나를 알아봐 주세요, 나를 인정해 주고 배려해 주세요.' 하며 인정받고 싶어 하고 있다는 것, 사랑받고 싶어 한다는 것을 발견했습니다. 나의 인정받고 싶은 마음을 알아차리고 이해하고 나니 또 다른 생각이 옆에 있었습니다. '인정해 달라고 아기처럼 징징대고 있구나.'라는 생각 말이지요. '상대방이 백번 잘못한 게 사실일지라도, 세상이 얼마나 넓고 다양한데 내가 당연히 대접받아야 한다고 생각하고 있나?'라고 말입니다. 나의 부모님도 늘 내 편은 아닌데 그 동료가 나를 보자마자 대접해 주고 친절하게 해 줄 리도 만무하지요. 나를 알아봐 달라고 하면서 나는 정작 그분한테 좋은 마음을 가진 적이 있거나 대접해 준 적이 있나 생각해 보면 그것도 아니더군요. 나에게 기분 나쁜 말을 했다는 그것만 붙잡고 늘어져서 씩씩거리며 원망만 주고 있었습니다. 그 동료에게 최소한의 어떤 고마워할 부분이 있나 하고 찬찬히 생각해 봤습니다. 그분이 특정 업무를 하고 있는데, 그분이 갑자기 사라져서 그 업무를 못 한다고 가정해 보았는데요. 그럼 제가 덤으로 받아서 맡을 수도 있는 상황이 있을 수 있겠지요. 그런 면에서 제가 고마워할 부분이 분명히 있었습니다. 나에게 말 한마디 기분 나쁘게 시작했지만, 그동안, 그리고 앞으로도 그분이 있음으로 해서 내가 일하는 데 (조금이라도) 보탬이 되는 사람이라고 생각하고 고마운 마음을 먹자고 결심했습니다. 아직 섭섭한 마음이 가시지 않았지만, 내일부터 그 동료를 보면 하트 표를 크게 한번 보내 볼까 하는 생각이 들었습니다. 빨간 하트 표 큰 것 한 개 목걸이처럼 걸어 준다고 돈이 드는 것도 아니고 두 눈 질끈 감고 한번 해 보자는 생각이 들었습니다. 그렇게 저는 출근하여 교무실 문을 열고 들어가 주위를 살며시 둘러보며, 그 동료에게, 그리고 내친김에 다른 모든 동료들에게도 크리스마스 분위기에 어울리는 빨갛고 큰 하트 표 목걸이를 머리 위에서부터 내려 주었습니다. 기분은 그리 나쁘지 않았던 것 같습니다. 오히려 조금 마음이 가벼워진 느낌이 들었습니다. 부정적인 생각이 떠오를 때마다 '저분이 그 업무를 해 주니 내가 그 일을 안 해도 되네. 고맙습니다.'라고 반복해서 속으로 중얼거렸습니다. 점점 그 동료가 다른 일을 잘 해결하는 것이 보이기 시작했고 '저런 일도 하시는구나. 고맙습니다.'라는 말을 일부러 만들면서 긍정의 마음을 다졌습니다. 그분과 사적인 대화를 조금씩 하기 시작했고, 저를 대하는 태도도 좋아지더니 급기야 칭찬을 일부러 찾아서 해 주시기 시작했습니다. 6개월이 지난 후, 저에게 악수를 청하며 "한 학기 동안 정말 수고 많았어요. 감사합니다."라고 말씀을 해 주셨는데, 믿기지 않을 만큼 놀라워서 퇴근하는 차 안에서 연신 싱글벙글했던 기억이 납니다. 칭찬을 받아서 기쁜 것을 넘어서서 사이가 좋지 않은 사람과도 다시 좋은 관계를 만들 수 있는 경험을 제가 했다는 뿌듯함이 더 컸던 것 같습니다. 그 후로도 그분은 저에게 참 잘해 주셨고, 저도 훨씬 편안한 마음으로 함께 일할 수 있었습니다. 특별히 어떤 노력을 한 것은 아닙니다. 매일 10초도 안 걸리는 시간을 들여 하트 표를 내렸던 것뿐입니다. 여기서 핵심은 상대방의 태도가 아닙니다. 그저 살아 있는 지금 이 순간에 나를 긍정 속에 두는 것입니다. 사람 탓, 환경 탓을 하며 환경에 휘둘리지 않고, 오직 나는 '사랑을 주는 사람'이고 동시에 '온 세상을 돌고 돌아 몇 십

배로 커진 그 사랑을 돌려받는 사람'으로 만드는 것입니다. 그러면 나는 성공적으로 그 하루를 보낸 것입니다. 나의 하루하루를 긍정으로 채우고 타인에게 긍정을 주는 것. 그것으로도 충분합니다. 당신의 영혼과 몸은 그것을 충분히 즐거워하고 있습니다.

큰 하트를 내리는 것의 효험을 톡톡히 본 저는 하트 표의 힘을 더욱 믿게 되었습니다. 그래서 다양한 방면에 이를 적용하고 있습니다. 학생과 상담을 하기 위해서 만나면 학생을 바라보고 잠깐 큰 하트로 학생을 포근히 감싸는 상상을 합니다. 그러면 상담을 처음 시작할 때의 어색함, 약간의 긴장감이 부드럽게 풀어지고 서로 간의 거리가 가까워지는 느낌을 받습니다. 내가 먼저 호의를 베풀었기에 스스로 당당해져서 분위기를 이끌어 나가는 것일 수도 있습니다. 학부모님과 전화 또는 대면 상담을 할 때에도 상대방에게 하트를 내려 주는데요. 하트를 내리는 때에 제 눈에서 하트 표가 나왔는지 눈치채셨는지 모르겠지만, 학부모님과 훨씬 원활한 소통이 됨을 느꼈습니다. 상사에게 실수를 보고할 경우에 긴장이 되는데요. 상사를 만나기 전이나 얼굴을 보는 중에 분홍색 하트를 내리면서 얘기하면 신기하게도 너무나 부드럽게 대화가 잘 마무리되었습니다. 그리고 안도의 한숨을 쉬었던 기억이 납니다. (웃음) 직원회의에서 활동 결과를 보고 하고 발표하는 상황이 있었습니다. 학생들을 앞에 두고 매일 수업을 해도 동료들 앞에서 발표를 한다는 건 또 다른 도전인 것 같습니다. 마음을 가볍게 하려고 해도 긴장감, 부담감을 내려놓는다는 건 쉽지 않더군요. 일단 잘해야 한다는 부담을 내려놓고 한 만큼만 있는 그대로 보여 주자는 마음으로 업무에 부담이 안 갈 정도의 발표 준비를 했습니다. 그리고 다른 사람들이 발표를 하는 동안, 제 자리에 앉아 전 교직원들 머리 위로 커다란 하트를 펑펑 내렸습니다. (예상치 못했는데) 첫 문장을 읽자마자 모두가 '빵' 터졌고, 반응도, 호응도 좋았고 호의적인 박수를 받으면서 순조롭고 끝나게 되었습니다. 발표 잘해서 준다며 동료 두 분에게 선물까지 받았습니다. (웃음)

학교에서 일하다 보면 의도치 않지만 긴장된 상황에 맞닥뜨려질 수 있는데 특히, 학교 시험 감독이나 수능 시험 감독을 할 때 조심을 한다고 해도 예기치 않고 원치 않는 사건, 민원이 일어날 수 있다는 생각이 들면 매우 불안했습니다. 그날은 학교와 교사 모두가 긴장하고 만반의 준비를 하는 날이지만, 시험을 치르는 수백 명의 학생들이 교사들을 도와주어야 하기도 합니다. 저는 시험 감독 중에 시험 치고 있는 학생들에게 하트 표를 내려 주고, 시험 감독 도장을 찍어 줄 때 '시험 잘 쳐. 응원한다.'라고 마음속으로 빌어 줍니다. 이렇게 하면 가장 좋은 것은 제 자신의 마음입니다. 모두가 그동안 준비한 실력을 최대한 발휘하고 편안하고 순조롭게 시험이 마무리될 것이라고 주는 '축복'은, 저에게 '다 잘될 것'이라는 느낌으로 가장 크게 다가옵니다. 시험 치는 학생들도 그런 저를 도와줄 것이라고 생각합니다. 직장에서 스트레스받는 일이 있다면 너무 고심하지 말고, 짧은 시간 안에 간단한 방법으로 해결해 주는 분홍색 또는 빨간색 하트 표 선물 공세를 상대방이나 상황에 듬뿍 보내 보세요. 내 상상을 어떻게 알았는지 그 일이 생각보다 편안하고 자연스럽게 잘 지나가게 됩니다.

우리가 일부러 그렇게 하려고 했던 것도 아닌데, 원치 않는 일을 겪게 되었다고 가정해 봅시다. 여기에 화가 나고 원망이 생기는 것은 당연히 생길 수 있는 감정입니다. 그런데 그 감정이 지속되면 사라진 과거가 발목을 잡고 부정적인 에너지를 계속 품게 합니다. (실제로 그 장소로 가 보면 그 사건은 이미 끝났습니다. 예전의 흔적은 물론, 먼지조차 남아 있지 않습니다.) 지속되는 부정적인 에너지는 겉으로 표현하지 않는다고 해도 주변에게 전해집니다. 상황이 더 부정직으로 돌아가기면, 원망은 더 커지므로 계속 악순환을 불러옵니다. 부정적인 에너지가 몸을 감싸고 머릿속을 채우기 시작하면, 주변의 더 소중하고 소소한 긍정 에너지와 기쁨을 알아채지 못하고 놓치게 됩니다. 훨씬 더 효과적으로 일할 수 있고 해결할 수 있는 아이디어가 바로 옆에 있는데도 부정적인 에너지가 가리고 있으니 그냥 흘러보내게 됩니다. 그러면 문제가 아닐 수도 있는 사소한 일을 문제로 만들고 이것을 해결하는 데 또 에너지를 쏟다 보면 피로가 몰려옵니다. 시간이 흘러 그 일이 끝난다고 해도 또 다른 불편한 일이 일어날까 봐 전전긍긍하고 작은 것에도 노심초사하게 됩니다. 이런 생각을 자주 하면 경직된 사고와 행동이 습관으로 자리 잡고, 그 습관이 어느덧 '나의 성격'이 되는 것이지요. 게다가 이 사람도 원망, 저 사람도 원망이 들기 시작하면서 세상 어느 누구도 맘에 드는 이가 없어집니다. 내가 하는 것만 맞는 것 같고 나 같은 사람은 없는 것 같습니다. 그렇게 생각하는 순간, 세상에 나 홀로 있는 것 같은 외로움이 몰려옵니다.

마음에 안 드는 학생이나 동료가 있다면 이 사람을 계속 미워하고 나의 감정을 합리화하면서 나의 소중한 생각과 하루를 부정적인 것에 버릴 것인지, 아니면 어떤 환경에도 휘둘리지 않고 나를 긍정적인 보물 상자에 푹 담글지 결정해야 합니다. 후자를 선택하기로 결정했다면, 과감하게 "그래, 그럴 수도 있구나."라는 마음으로 상황을 인정하세요. 그 사람을 떠올리면서 일단 하트 표를 내리면서 "감사합니다."라고 먼저 큰마음 베푸시길 추천해 드립니다. 어느 순간, 편안한 사제 관계, 동료 관계가 만들어져 있을 것이라고 제 경험상 100% 장담합니다.

♥ 포근한 큰 하트 담요로 감싸기 ♥

선생님은 어떤 때 가장 긴장이 되거나 불안하신가요? 그때를 적어 보고 그 상황 속의 사람과 사물을 커다란 하트 표로 감싸 주세요. 선생님의 마음은 어떤 변화가 있나요? 그 일은 어떻게 마무리되었나요?

----

2) 숨은 장점 찾기 프로젝트

매일 성공적으로 하루를 보내는 두 번째 방법은 오늘 만나는 사람들의 숨은 장점을 찾아보는 것입니다. 다른 직장도 마찬가지이겠지만, 특히 학교는 20대부터 60대까지 다양한 연령과 성별, 경험, 성격을 가진 동료들로 구성이 다양합니다. 학교 크기에 따라 다르겠지만, 규모가 큰 학교에서는 같이 일하거나 마주치는 사람들의 수가 매우 많습니다. 또한 매년 같이 일하는 동료들이 바뀌는 경향이 있습니다. 일에 치중해서 바쁘게 시간을 보내다 보면 옆에 앉은 동료, 앞에 앉은 동료들의 심각하고 무심한 얼굴들, 툭툭 던지는 말투, 저마다 다른 개성들이 거슬리게 느껴질 때도 있습니다. 일의 순서와 경중을 따지다 보면 저 사람이 일을 어떤 방식으로 하는지, 어떤 말과 행동하는지 판단을 하게 되고, 안 좋은 점이 부각되면 불평이 생기기도 합니다. 사람들 사이에서 불만, 불평은 늘 존재하고 있고, 이것들이 어떤 문제를 해결하고 나아갈 수 있게 하는 원동력이기는 하지만, 대개는 남의 부정적인 면에만 집중하고 대안이 없는 과한 험담으로 이어지게 되는 부작용이 있습니다. 심해지면 하루를 불만 가득한 표정과 말투로 채우게 됩니다. 물론, 학부모, 학생들과의 관계에서도 이런 일은 비일비재합니다. 그런데 상대방에 대한 부정적이고, 섭섭한 마음에 집중해서 신경 쓰고 있으면 그 사람과의 관계가 계속해서 틀어지고 확대되어 갑니다. 이렇게 자신의 생각이 너무 한쪽으로 치우치면, 먼저 자신의 생각을 알아차리는 게 중요합니다. '내가 그 사람을 어떤 부분에 지나치게 집중하고 있구나.' 하고 말이지요. 그리고 저는 어떤 사람의 단점이 보이기 시작하면, 그것을 오래 두고 있지 않으려고 합니다. 이것을 감지하고 그 사람이 나에게 제공하는 장점들, 고마운 점들을 찾기 시작합니다. 그 사람을 볼 때마다 이 부분들을 되뇌다 보면 상대에 대한 부정적인 마음이 어느덧 가라앉고 감사함으로 채워져 있습니다.

예전에는 저에게 일어나는 상황과 사람에 대해 불신과 의심이 많았습니다. 이 사람을 만나고 저 사람을 만나도 단점들만 보이고 세상에 단 한 명도 나랑 맞는 사람이 없다는 생각을 했습니다. 그런 마음으로 대하니 사람들과 함께 지내야 하는 상황에서 진심으로 대할 수 없었습니다. 만남이 끝나면 말이나 행동으로 실수만 저지르는 것 같아 후회하기도 일쑤였습니다. 인간관계나 사회생활이 어렵게만 느껴졌습니다.

어느 날부터 인간관계를 잘하는 방법에 관한 책들을 한 권 두 권 읽어 보기 시작했습니다. 사회생활을 잘하는 사람은 타고난 수완과 그에 걸맞은 성격을 가졌을 거라고, 나와는 거리가 멀다고 생각했는데, 책 속 스승들이 수십 년 연구한 인간관계 노하우를 배우는 것은 저의 남은 생을 보다 지혜롭게 사는 데 시간을 벌어 주는 것이었습니다. 《데일 카네기의 인간관계론》를 읽어 나가면서 문득 떠오른 생각은 이것이었습니다. '나와 합이 맞는 사람들만 나타나 달라고만 했지, 나는 남에게 먼저 좋은 사람이 되려고 하거나 좋은 점을 먼저 찾아보려고 했나?' 정말 그렇게 시도해 본 적이 없었습니다. 어떤 사람이 나에게 잘해 주거나 의견이 맞으면 좋은 사람, 그 반대면 나와 안 맞는 사람으로 결론을 지어 왔습니다. 저에게는 정말 큰 깨달음이 아닐 수 없었습니다. 그동안 제가 미워했었던 많은 사람들이 눈 앞을 지나가면서 '내가 먼저 손 내민 적 없으면서도 그냥 나에게는 잘 대해 주길 바랐네.' 하는 생각에 눈물이 났습니다. 그날 저녁, 주변 사람들의 이름을 적고 그 사람들의 장점을 하나씩 적어 보았습니다. 매일 조금씩 장점을 찾아 쓰는 습관을 길러 내 몸에 아예 장착하고 싶었습니다. 하루에 가족, 친구, 동료 등 두 명 정도 골라 장점을 찾아 적어 보았습니다. 누군가의 이름을 대면, 머릿속으로 뭉뚱그려 그 사람의 이미지만 떠올렸는데, 이름과 장점을 적고 보니 객관적으로 보아도 배울 점이 있는 것 같고, 그 사람의 장점이 명확해지는 느낌이 들었습니다. 그리고 어떤 사람을 만나면 대화하는 중에 그 사람의 말씨, 외모, 행동, 생각을 잘 보고 그중 어떤 것이든 장점을 한 개라도 찾아보려고 노력했습니다. 그렇게 얼마간 하다 보니 상대방의 좋고 싫은 호감의 정도를 떠나 장점이 불쑥불쑥 떠오르기 시작하더니 자연스럽게 습관이 되었습니다. 그 장점이 내가 가지지 않은 것이라면 나도 저런 면을 가지면 좋겠다, 배우면 좋겠다며 유심히 관찰했습니다. 이렇게 남의 숨은 장점을 찾기 시작한 후, 사람들과의 관계도 더 좋아지기 시작했습니다. 상대방과 대화할 때 내가 찾은 장점을 얘기해 주면 서로 간의 분위기가 더 부드러워졌고, 그런 좋은 점을 배울 수 있는 방법을 물어보면 상대는 매우 즐겁게 잘 가르쳐 주기도 했습니다. 이때, 타인의 호감을 사려고 일부러 꾸미는 말을 한 것이 아닙니다. 상대의 긍정적인 면을 먼저 보려고 했고 먼저 호감을 표현한 것입니다.

학생들을 볼 때도 장점들이 툭툭 돋보이기 시작했습니다. 질문과 대답을 엉뚱하게 하는 학생들을 보아도 적극적인 발표력, 창의성이 크게 두드러져 보였습니다. 그러면 저로서는 칭찬을 연발하게 되고 학생들은 더 기분 좋게 수업에 참여합니다. 친구에게 친절하고 다정하게 대해 주는 학생들을 보면, 참 신기하고 예쁘게 보입니다. 협동 활동을 할 때 독특한 아이디어들을 떠올려서 진지하게 참여하는 학생, 향기에 예민하거나 트렌드에 대한 감각이 있는 학생들이 있는 교실에는 다양한 가능성과 장점들이 둥둥 떠다닙니다. 그러니 성적이 좋고 이해를 잘하는 아이들만 보이는 게 아니라, 대단한 아이들이 교실을 채우고 있다는 생각에 칭찬하고 격려할 일이 많아집니다. 학기 초 처음 수업으로 만났을 때는 서로 어색하지만, 수업을 하면 할수록 학생들과 사이가 좋아지고 서로에 대한 신뢰가 쌓여 가는 게 느껴집니다. 이것은 수업이 안정되고 학구적인 분위기로 흘러가는 데에도 매우 중요합니다.

학교에 있으면 이렇게 고된데 어떻게 좋게 생각하고 행복을 빌어 주면서 스트레스를 안 받고 일할 수 있냐고 반문한다면, 한때 저도 정말 심각했던 사람으로서 많이 공감합니다. 그런데 주어지는 환경에 나의 일희일비를 의존하면서 지내는 것은 '환경에 휩쓸려 살아가는 것'이지, 자신의 진짜 '생각'을 하면서 움직이는 것이 아닙니다. 환경이 어떠하더라도 '나는 이런 생각을 하고 이런 감정을 가지겠다.' 하고 살아가는 것이 자신의 '생각'을 만들고 소중한 하루를 내가 원하는 대로 주도적으로 보내고 있는 것입니다.

어느 겨울날, 2평 정도 되는 방에서 평범한 잠옷을 입고 이불을 덮고 전등을 끄고 누워 있었습니다. 주변은 어두컴컴했고 창밖으로 바람이 불고 있었습니다. 이것들을 둘러보다가 문득 이런 생각이 들었습니다.

'반짝반짝 빛나는 고급 침대와 소품으로 장식된 화려하고 세련된 방이 아닌 아주 평범한 방이지만, 바깥의 스산한 바람을 막아 주고 벌레와 위험으로부터 보호해 주는 단단한 벽이 있고 온기를 유지해 주는 잠옷과 이불이 있구나. 이 벽과 천장이 없었다면 세찬 바람을 맞으면서 제대로 잠을 못 잘 것이고, 이불과 옷이 없었다면 추위에 덜덜 떨면서 벌써 감기가 들었겠지. 나에게 이런 단단한 벽과 천장, 한 장의 옷과 이불, 안전하고 쾌적하게 잘 수 있는 깨끗한 집이 있어 정말로 감사하구나.'

방 안 공기를 크게 들이마시는데 목까지 덮어 주는 이불의 포근함이 배가 되는 기분이 들면서 행복감이 스르르 밀려왔습니다. 내가 가진 작은 것에도 감사하는 마음을 스스로 먹고 행복하다는 생각을 했을 때, 이 순간 우리 집 작은 방은 가장 포근하고 따뜻한 장소가 되었습니다. 제가 '생각'하는 대로 이 방은 그렇게 바뀌었습니다.

이 세상 어느 누구도 태어나면서부터 어떤 사람과 사물에게 실수를 하지 않거나, 단 한 번도 피해를 주지 않은 사람은 없을 것입니다. 제가 지은 많은 실수들을 그때마다 다 들추어 비난받지 않고 그냥 그렇게 지나간 일들이 많았던 것은 상대방이 그냥 넘어가 주었기 때문이라고 생각합니다. 양보하는 마음으로 넘어가 주었을 수도 있고 속으로 비난하며 넘어가 주었을 수도 있지만, 중요한 건 그렇게 모든 일들이 흘러 지나갔다는 것이지요. 결코 혼자서 이 자리에 서 있는 것이 아니라, 주변에서 밀어주고 참아 주고 지나가 주었기 때문에 이렇게 있게 된 거지요. 그러니 한참 성인이 되고 나서야 깨달은 지금부터라도, 이제는, 제가 마음을 후하게 써야 할 차례인 것입니다. 누군가의 단점이 보이면 '그런가 보다. 저 사람에게는 저것이 중요한가 보다. 각자가 참 다양하구나.' 정도로 끝내고 의식적으로 장점이나 고마운 점을 눈덩이처럼 크게 부풀립니다. 그렇게 호의적인 마음으로 상대방을 대하면, 상대방은 그 분위기를 이어받아 느낍니다. 그 사람과의 인사 한마디, 표정 하나도 편안해집니다. 어느새 그 사람이 당신에게 과자 한 봉지, 음료수 한 잔이라도 더 챙겨 주고 있을지도 모릅니다. 저는 이런 경험을 여러 번 했는데요. 여러분도 충분히 가능합니다. 편안한 마음으로 하루를 보내는 것, 나와 다른 상대방을 한 번 더 포용해서 한 뼘 더 넓어진 내가 되는 것, 그것이 나의 소중한 하루를 천국으로 만드는 방법이 아닐까요?

♥ 숨은 장점을 찾아보세요 ♥

오늘 앉은 교무실 옆자리의 동료 또는 요즘 나를 힘들게 하는 학생, 누구든 1명씩 골라 적고 그들의 장점, 배우고 싶은 점을 3가지 찾아서 써 주세요.

* 이름:_____

* 이름:_____

다이어리에 매일 하루에 두 명씩 선정해서 적어 봅시다.

교실마다 급훈이 있는 학교도 있고 없는 학교도 있을 텐데요. 학생들은 교실에 있는 시계를 보는 만큼 급훈도 자주 보게 됩니다. 담임을 맡게 되면 요즘엔 SNS 어플을 써서 반의 단체 채팅방을 개설해서 필요한 정보들을 아이들에게 바로 전하기도 하는데요. 저는 처음 채팅방을 만들 때 채팅방 명을 '선량하고 훌륭한 큰 그릇 큰 부자 ○—○방'이라고 정해서 학생들을 초대합니다. 1년 동안 우리 반 아이들은 그 방 이름을 수시로 보게 되는 것이지요. 초등학생이라면 모르겠지만 중고등학생들에게 '너희는 이미 선량한 큰 사람들이다.'라는 문장은 약간은 유치하고 멋쩍은 표현으로 보일지도 모르겠네요. 학생들은 이 제목을 자주 보게 되면서 마음속에 스며들 것이라고 생각합니다. 단체 채팅방 제목이 급훈의 역할을 하게 된 것 같습니다. 아침 조례에 교탁에 서면 칭찬하고 격려해 주는 시간도 있지만 대게 '친구랑 싸우지 마라, 급식 질서 잘 지켜라, 교복 잘 차려입어라.'라며 해야 하는 의무들, 그날 주의해야 할 일들을 학생들에게 전달하는 경우가 훨씬 많을 것 같습니다. (교사들에게 오는 업무 메시지들 역시 '오늘 학생에게 격려 한 번씩 해 주세요.'보다는 '학교 옆 아파트에서 민원이 들어왔으니 학생들에게 주의를 주세요.' 하는 류가 대부분인 듯하네요.) 중요한 메시지들이지만, 교사의 반복되는 말들이 잔소리가 되어 학생들의 귀에 잘 안 들어올 때가 많을 것 같습니다.

이때 단체 채팅방의 긍정적인 한 문장이 조용히 학생들에게 말하고 있습니다. "너희는 선량하고 훌륭한 사람들이야. 그릇도 크고 큰 부자들로 풍요롭구나. 너희는 이미 그런 사람이라고 나는 믿는단다." 그리고 학생들을 그렇게 믿고 가겠다는 저의 다짐이 내포되어 있기도 합니다.

3월에 처음 만나는 반 아이들 30여 명이 어떤 아이들인지 저도 모릅니다. 단체 채팅방을 개설할 때는 얼굴도 이름도 처음 보는 학생들입니다. 그렇지만 제가 먼저 손을 내미는 것입니다. 앞으로 1년 동안, 내게 온 '선량하고 훌륭한 큰 그릇 큰 부자'들과 감사히 같이 가겠다고 말입니다.

담임교사와 학생이 만나서 1년이라는 여정을 가는 데 위의 문장은 우리 반의 지향점이고 목표입니다. 지향점이 있는 것과 무작정 상황에 따라 살아가는 것은 다릅니다. 올바른 지향점이 있다면 마음가짐부터 달라지고 행동이 바뀌면서 이느새 긍정의 에너지가 복리처럼 늘어납니다. 학교는 학업에 열중하는 장소이지만, 지금껏 부모와 교사의 관심이 그것에 너무 치중되면 학생들이 스트레스가 쌓여 부정한 행동을 하는 사례를 많이 보아 왔습니다. 학업과 규칙적인 생활을 강조하면서 지적인 면에서 성장을 하고, 그 안에서도 아름다운 심성을 지닌 사람이 되자고 손을 잡아 줘야 아이들은 더 건강하게 학창 시절을 보낼 수 있다고 생각합니다. 아이들의 몸과 마음이 건강하면 교사도 건강한 직장 생활을 할 수 있는 것은 당연한 것이지요. 매일매일 정성을 다해 자신의 시간을 소중히 여기도록 하고, 이미 큰 그릇이고 큰사람이라고 주변 어른이 격려와 지지를 해 주는 것. 비록 지금의 성적이 잘 안 나와서 슬플지라도 장차, 아니 이미 큰사람이므로 마음을 넓게 가지고 남에게 쓰는 것. 그렇게 쓴 마음은 꼭 학생에게도 크게 돌아올거라 생각합니다.

재미있는 것은 1, 2학기에 반의 회장 선거가 있었는데 "선생님의 말씀처럼 선량하고 훌륭하고 큰 그릇 큰 부자가 되는 반을 이끌어 가겠다."라는 문장을 선거 멘트로 쓴 학생들이 한 명씩 있었고, 신기하게도 그 두 명이 각 학기 때 모두 회장으로 뽑혔습니다. 그 한마디로 회장이 된 것은 아니겠지만, 회장 후보들에게 그 문장이 인상 깊었기에 친구들에게 말을 했을 것이고, 반 친구들의 마음에도 영향을 미치지 않았나 추측해 봅니다. (미소)

예전에 제 아이가 초등학교 1학년 담임선생님이 반 아이들의 의견을 다 모아서 학급 이름을 만들어 반에 게시해 주었다고 한 적이 있습니다. '꽃같이 사랑스러운 친구들과 즐겁게 공부하고 건강하게 자라나는 행복한 보물 창고반'이라고요. 아이가 그때 유난히 즐겁게 학교를 다녔던 기억이 납니다.

저는 또한 업무 컴퓨터에 담임 맡은 반의 관련 자료들을 '선량하고 훌륭한 큰 그릇 큰 부자들'이라는 파일명으로 만들어서 자료들을 담고 있습니다. 예전에는 그냥 'ㅇ학년 ㅇ반' 같은 일반적인 명칭을 썼습니다. 학기 초 10초 정도 시간을 들이면 할 수 있는 것인데, 이 작은 새 명칭이 큰 힘이 되어 준다고 믿습니다. 그 파일을 클릭할 때마다 그 문장을 읽게 되는데, 우리 반이 그런 반이라고 믿어 주는 것, 그렇게 될 것이라고 제 스스로에게 암시하는 긍정의 파일 이름 짓기를 한 이후로 더욱 좋은 아이들을 많이 만나고 있습니다. 그리고 그전에 담임을 하며 겪었던 스트레스와 불안에서 많이 자유로워졌습니다.

♥ 소원이 이루어지는 이름 짓기 ♥

* 이미 잘하고 있다는 것을 믿어 주는 마음을 담아 학급의 '학생상'을 만들어 봅시다.

㉠ 학생들에게 바라는 단어들을 10가지 이상 떠오르는 대로 적어 주세요. 예) 긍정, 배려, 사랑, 지혜, 성실 등등

㉡ 이 단어들 중 가장 중요하다고 생각되는 핵심 단어 3—4개만 빨간 동그라미를 표시합니다.

㉢ 핵심 단어들을 모아 한 문장으로 완성해 봅시다.

----

* 지금 이 순간 자신이 맡은 반들을 모아 놓은 컴퓨터 파일이나 단체 채팅방 이름을 바꿔 보세요. 미션을 클리어하셨다면 이 (　　)에 O, X를 써 주세요.

2부

교사는 수업이
제일이다

교사로서의 자존감을 높일 수 있는 첫 번째 일은 단연, 수업입니다. 수업을 하는 동안 학생들과 수업에 관한 소통이 잘되고 호응과 지지를 받는다면 그 시간 동안 그렇게 즐거울 수가 없습니다. 보람은 덤입니다. 아무리 다른 업무를 빠르고 정확하게 잘 처리한다고 한들 자신의 수업에 만족감이 들어야 학교 일을 하는 기쁨이 늘어납니다. 그래서 수업할 내용에 대해 전문성을 쌓고 학생들에게 잘 전달할 수 있는 연구에 시간 투자를 꾸준히 하는 게 필요합니다. 하루 중 가장 많은 시간인 수업 시간을 '기쁨'으로 만들면 학교는 '기쁨'의 장소와 더 가까워질 수 있습니다. 스스로 의식적으로 수업 시간을 '기쁨'으로 만들고자 노력해야 한다고 봅니다. 제 경험에 비추어, 수업을 더욱 능동적으로 만들고 보람을 더할 수 있는 팁을 수업 전, 수업 중, 수업 후로 나누어 알려 드리고자 합니다.

1

수업 전

1) 나만의 수업 긍정 확언 만들기

앞에서 자신이 원하는 수업 셀프 이미지를 무엇이라고 답변하셨나요?

수업 셀프 이미지가 중요한 이유는 이것이 수업 전체를 이끄는 뿌리가 되기 때문입니다. 수업 셀프 이미지는 그 사람이 어떻게 교육하기를 원하는가? 즉, 교육 철학, 수업 철학이 고스란히 묻어 나온 것이고 거기서 수업 방식도 이어지므로 신중하게 정하시는 게 좋습니다. 그렇다고 너무 심각하게 고민하지 말고, '어떤 수업을 하고 싶지?'라는 질문을 스스로에게 던져 보면 평소 생각했던 영감들이 떠오르실 것 같습니다. 학창 시절에 배웠던 것을 토대로 갖고 있는 문제의식이 영감의 기반이 될 수도 있고, 존경했던 교사, 강사의 수업 스타일이 토대가 될 수도 있습니다. 그것은 어떤 방식으로 수업을 만들지에 대한 답을 만들어 줄 겁니다. 여기서 주의할 점은 자신이 생각하는 교사의 수업 이미지가 과거 학창 시절의 교사들의 모습을 그대로 가지고 있는 것은 아닌지 체크하는 것입니다. 학창 시절은 최소 5년에서 10년 전에 있었던 일이고, 그때 분위기는 지금 가르침을 받는 학생들 세대와는 차이가 많이 납니다. 시대가 변했듯이 교사들도 많이 배우고 경험했으므로, 자신이 익숙했던 스승님들의 예전 모습을 상기하는 것을 넘어서는 자세가 필요합니다.

역사 교사 같은 경우, '역사에 대한 편견이 많은데 역사의식을 가질 수 있게 가르쳐 주고 싶다.', '재미있고 알기 쉽게 알려 주고 싶다.', '수능 시험에 성적이 잘 나오도록 가르쳐 주고 싶다.' 등의 답변이 나올 수 있을 것입니다. 이런 것이 수업 셀프 이미지를 넘어 수업 긍정 확언의 바탕이 됩니다. 그리고 나 자신을 그것을 실현한 교사로 지정하는 것이지요.

	원하는 셀프 이미지	→	긍정 확언
형식	'이랬으면 좋겠다'	→	나는 ~하고 있다, ~이다
예 1	역사의식을 가질 수 있는 역사를 가르쳐 주고 싶다	→	나는 역사의식을 제대로 가르쳐 주는 교사이다

예 2	역사를 재미있고 쉽게 알려 주고 싶다	→	나는 역사를 재미있고 쉽게 알려 주는 교사이다
예 3	역사 성적을 올려 주는 교사가 되고 싶다	→	나는 역사 성적을 올려 주는 1타 교사이다

저의 수업 긍정 확언은 '나는 쉽고 재미있고 행복한 수업을 하는 1타 강사이다.'입니다. 이런 확언을 갖게 된 데에는 이유가 있습니다. 학창 시절에 쉬는 시간 10분을 제외하곤 책상에 다닥다닥 앉아서 7교시까지 수업을 계속하는 현실이 답답했던 기억이 있습니다. 이유도 모르고 그냥 앉아서 남들이 다 하니깐 그냥 그렇게 지냈었지요. 수업 방식이 많이 다양해지고 활동이 많아진 지금도 우리 학생들에게 매일 7교시까지 앉아서 수업을 듣는 것은 어려운 일일 수 있습니다. 그때의 기억이 힘들어서인지, 제 수업 시간은 웃음이 넘치고 배움의 기쁨이 흐르는 시간으로 만들고 싶습니다. 매일 다이어리 속 긍정 확언, '나는 쉽고 재미있고 행복한 수업을 하는 1타 강사이다.'를 읽고 하루를 시작합니다. 이렇게 하면 수업 준비를 할 때 그렇게 할 수 있는 방법들이 여기저기에서 모이기 시작합니다. 생각으로 툭 튀어나오기도 하고 검색 자료가 찾아지기도 하면서 긍정 확언을 충족하기 위한 준비들이 하나둘씩 되어 갑니다. 열정이 살아나는 것을 느

낍니다.

저는 이왕이면 원하는 긍정 확언의 질을 높게 잡으라고 권하고 싶습니다. 고만고만하고 적당한 긍정 확언은 그저 고만고만하고 적당한 수업을 만들 것입니다. 수업 긍정 확언을 어떤 것으로 정한다면 어느새 자신이 그렇게 바뀌어 있음을 분명히 발견하게 됩니다. 우리의 삶은 생각하는 대로 되기 때문입니다. 긍정 확언이 너무 높거나 거창하고 지금의 내 전문성과는 거리가 멀다고 해서 스트레스를 받지 않으셔도 됩니다. 억지로 짜내거나 힘을 꽉 쥐고 애쓰지 않으셔도 됩니다. 원하는 셀프 이미지를 정하고, 아침에 모닝 긍정 확언을 기분 좋게 읽고, 편안한 마음으로 교과서를 분석하고 자료를 찾는 수업 준비를 하다 보면 점점 자신의 긍정 확언에 가까워지게 수업이 짜이게 됩니다. 그리고 수업에 매 차시 적용해 보면서 더 다듬어지고 성장하고 풍성해집니다.

♥수업 긍정 확언 선언하기♥

나의 수업 긍정 확언을 정해서 적어 봅시다. 그리고 큰 소리로 읽어
봅시다.

모닝 감사 일기를 쓸 때는 다이어리 시간별 일정에 '1—5 즐거운 행복한 과학 수업'이라고 쓰고 이미 그런 수업이 이루어졌기에 '감사하다' 문구를 집어넣어 문장을 완성해 적어 놓습니다. 안전이 신경 쓰이는 실험 수업 같은 경우, '1—6 안전하고 차분한 실험 수업이 잘 마무리되어 감사합니다.'라고 적어 놓습니다. 긍정과 바람의 마음을 담아 문장을 적으면서 그런 장면을 상상합니다. 제 마음도 차분해지고 수업에 공이 들여집니다. 수업 준비가 잘되었다면 그 시간이 기다려지기도 합니다. 세상 모든 사람과 사물이 이어져 있다면, 제가 먼저 수업과 학생들에게 긍정, 지지를 수어야 서도 학생들에게 그에 상응하는 긍정을 받을 수 있다고 생각하기에 이렇게 작은 행동을 하는 것입니다. 별생각 없이 시작하는 수업보다 훨씬 잘 보내게 되는 경험들이 많아져 신기했습니다. 어떤 수업 긍정 확언을 정하셔도 꼭 이루실 수 있습니다. 만약 어떤 교사가 국민 개그맨 유재석 씨를 너무 좋아해서 유재석 씨처럼 수업을 이끌어 가고 싶다고 생각했다고 가정해 봅시다. 이 교사가 개그맨 같은 입담은 거의 없는 수줍은 성격이라 이건 말도 안 된다고 스스로 생각할지도 모릅니다. 그렇지만 밀져야 본전이니 저의 말대로 수업 긍정 확언을 '나는 유재석처럼 진짜 재미있고 배려하는 수업을 한다.'라고 정하고 아침마다 긍정 확언을 쓰고 웃음이 넘쳐나는 수업 시간을 보내는 상상을 잠깐씩 했습니다. 그러면 유재석 씨가 나오는 프로그램을 볼 때마다 프로그램 구조, 유재석 씨의 입담 스타일, 게스트(학생)와의 대화, 선행 사례를 유심히 살펴보게 됩니다. 그리고 수업에 한 개씩 섞어 넣게 되면 그것이 쌓여 완전히 몸에 익히게 되는 날이 올 수 있다는 것이지요. 그러면 매 수업마다 진짜 재미있고 배려가 넘치는 수업이 이루어지는 것입니다. 이렇게 자기 일에서 성장하는 기쁨은 정말 값진 경험입니다. 지금 당장 긍정 확언이 이루어진 사람인 척 행동하세요. 어깨를 펴고, 숨을 크게 들이쉬고, 허리를 세우고, 눈을 반짝이세요. 걸음걸이도 베테랑 교사처럼 당당합니다. 수업 긍정 확언은 경력이 쌓이고 경험들이 풍부해지면서 변할 수도 있습니다. 오늘 하루의 수업도 스스로가 주체적으로 '천국'을 만드는 시간이 되길 응원합니다.

3) 쉽고 재미있고 행복한 수업을 위한 Tip

(1) 용어 풀이

먼저 내용을 쉽게 전달하기 위해서는 나의 무릎을 구부려서 학생들과 눈높이를 맞추는 작업이 필요합니다. 그렇게 앉은키를 낮추려면

'내가 중고등학교 때 이런 내용을 어떻게 이해했었나?' 하는 질문을 떠올려 보셔도 좋습니다. 그때 공부했던 기억들을 떠올려 보고 어려웠던 부분을 좀 더 보완을 한다면 지금의 학생들에게도 도움이 될 것입니다. 저는 예전에 무수히 쏟아지는 교과서 용어들이 무슨 뜻인지도 모르고 시간에 쫓겨 외우기만 했었고, 이해가 부족하니 성적이 만족스럽지 않아 힘들었습니다. 그래서 이런 경험들에 기반을 두고 배우는 학생들에게 보다 이해하기 쉬운 수업을 짜기 시작했습니다. 교과서 속 용어들의 한자 뜻을 풀거나 용어의 유래 등을 미리 검색해서 불필요한 암기를 최소화하려 했습니다. '촉매'라면 '접촉할 (촉)에 매개한다 (매)'라는 뜻이라고 잠깐 언급해 주고, 교과서 속 정의인 '화학반응을 매개하는 물질'이라는 뜻과 연결해서 설명해 주면 학생들이 어려운 용어를 훨씬 쉽게 받아들이고 고개도 끄덕입니다.

(2) 큰 틀에서 바라보며 단순하게 설명하기

내용의 핵심을 제대로 파악해서 가장 이해하기 쉽게 설명을 해 주려고 하는데요. 이 수업을 들으면 초등학생도 이해할 수 있을 거라는 마음으로 내용을 단순하게 생각하려고 합니다. 제가 말로 쉽게 설명하기 어렵다면 저도 그것을 잘 파악하지 못한 것이라고 생각합니다. 저 자신부터 제대로 파악하는 것이 먼저이고, 학생들은 처음 배우니 더 세심하면서도 쉽게 이해할 수 있도록 준비를 해야 합니다. 교사 본인이 교과서의 전체적인 내용을 잘 파악하고 있어야 하고 전체적인 교과서 흐름 속에서 이 수업 시간의 내용이 어떤 역할을 하는지 같이 연결해서 설명하는 것도 학생의 시야를 넓게 하는 데 도움을 줄 수 있습니다. 예를 들어 저의 고1 통합과학 부분 '광합성' 수업의 설명을 소개해 보고자 합니다. 교과서 내용은 '식물의 광합성'만 다루고 있지만, 수업에서는 '우리 사람(동물)이 에너지원을 어떻게 얻는지'와 살짝 비교해 가면서 설명하였습니다. 식물만이 가지는 '광합성'을 화학반응의 예로서만 기억하지 않고, 전체적인 지식으로 연결할 수 있도록 했습니다.

[광합성: '식물이 이산화탄소와 물로 빛을 받아 포도당을 만들고 산소를 내는 현상'이라는 정의를 가짐.]

우리 사람과 같은 동물은 어떻게 에너지를 내어 활동할까요? 그렇죠, 밥을 먹어야 에너지가 나지요. 지금 마침 배가 고프니 선생님과 함께 밥을 지어 봅시다. 전기밥솥에 쌀, 물을 넣고 전기를 주면 밥이 만들어집니다. 밥이 다 되면 우리는 입에 넣고 맛있게 먹습니다. 밥은 소화되는 과정에서 포도당으로 잘게 쪼개지게 되는데, 이것은 매우 작아서 몸의 세포들이 흡수할 수 있게 됩니다. 세포 속에서 포도당은 에너지를 만드는 데 사용되어 우리는 힘이 나서 축구를 할 수 있지요.

그렇다면 식물은 힘없고 배고프면 어떻게 해야 할까요? 식물들은 먹을 것 가까이 갈 다리도 없고 음식을 넣을 입도 없지 않나요? 혹시 밤에 우리들 몰래 어디 가서 먹고 오는 걸까요?(웃음) 식물은 몸 안에서 직접 밥을 짓습니다. 초록색 잎 세포마다 밥솥을 가지고 있습니다. 밥솥에 공기 중의 <u>이산화탄소</u>, 물을 촥촥! 넣고, 빛을 쬐어 주면 뚝딱 밥이 만들어집니다. 이때 만들어진 밥은 바로 작은 알갱이, '포도당!'입니다. 어때요. 식물 몸 안에서 이산화탄소, 물, 빛을 써서 포도당을 뚝딱 만들었습니다. 밥 먹으러 걸어갈 필요가 없습니다. 소화시킬 필요도 없네요. 이때 식물 잎이 가진 밥솥의 이름을 '엽록체'라고 합니다(잎 세포들의 무수히 많은 엽록체 사진을 보여 준다.). 밥솥이 정말 많지요? 엽록체는 초록색을 띠고 있기에 식물의 잎은 초록색으로 보이는 것입니다.

이렇게 동물과 식물은 다른 방법으로 에너지원인 포도당을 얻게 됩니다. 동물은 외부로부터 섭취를 한다면, 식물은 스스로 몸속에서 만드는 것이지요. 식물 정말 대단하지 않나요? 그럼 광합성을 한마디로 요약해 볼까요? 광합성은 식물이 스스로 '밥(포도당)'을 만드는 과정입니다. 이름 그대로 '빛(광)'을 써서 포도당을 만든다(합성)'는 뜻이지요. 이때 산소는 포도당을 다 만들고 버려지는 찌꺼기입니다. 이를 토대로 광합성의 반응식을 크게 정리해 볼까요?

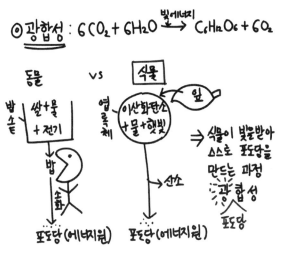

$$\text{광합성}: 6CO_2 + 6H_2O \xrightarrow{\text{빛에너지}} C_6H_{12}O_6 + 6O_2$$

칠판 판서

(3) 집중과 재미를 이끄는 포인트 넣기

학생들에게 질문을 들어서 이 단원이 어떤 의미가 있는지, 어떤 것을 배우게 되는지 먼저 얘기해 줍니다. 학습목표와 핵심 내용이 담겨 있으면서 집중할 수 있는 수업 제목을 잡습니다. 이어, 2—3가지 정도의 수업 소제목을 잡아 칠판에 제시합니다. 예를 들면 '삼투(물이 세포막을 이동하는 현상으로, 김치를 만들 때 배추를 소금에 절이는 원리)'를 배우는 단원이라면, 수업 제목을 '김치 만들 때 배추를 소금에 절이는 이유를 찾아서 3'으로 칠판에 크게 적고 학생들과 답을 잠깐 나누어 봅니다. 그리고 '삼투의 뜻', '식물세포의 삼투', '동물세포의 삼투', 딱 3가지 소제목 포인트로 세세한 내용을 이끄는 것입니다. 끝으로 수업 제목의 답을 같이 도출해 냅니다. 수업에 집중을 잘했다면 학생들은 답을 찾아내고, 새로운 원리가 생활에 숨어 있음에 신기하다는 반응을 보입니다.

학생들을 직접 예를 들어 설명을 해도 학생들은 흥미 있어 합니다. 예를 들면, 생명과학 Ⅰ 수업에서 ABO식 혈액형을 가르칠 때, A형, B형, O형, AB형별로 손을 들어 보자고 하고, 누가 어떤 혈액형을 가졌는지 보자고 하면 태도가 흐트러진 학생도 이때는 눈을 반짝입니다. 그중 한 친구에게 자신이 왜 혈액형 A형인지 아느냐고 물어보면, 부모님이 그렇게 가르쳐 줘서, 병원에서 그렇게 말해 줘서 알고 있다고 합니다. 그 질문 후, 혈액형의 종류를 결정하는 개념을 설명하면 학생들은 새로운 비밀을 안 듯 관심을 보이며 재미있어 합니다. 자칫 지루해질 수 있는 수업에서 여러 가지 질문으로 손을 들어 이 무리, 저 무리를 이루어 보게 하는 활동은 수업을 더 부드럽게 만들어 주는 역할을 합니다.

그 외에도 활동하는 수업들이 시중에 많이 나와 있어 학생 중심 수업의 스킬을 배울 기회는 많이 있습니다. 수업 시간 내내 학생 활동식 수업을 할 수도 있고, 강의식 수업을 할 수도 있지만 저는 수업을 지루하지 않게 강의식 수업과 학생 활동식 수업을 섞어 가면서 만드는 경우가 많습니다. 강의식 수업으로 중요한 내용을 전달하고 집중력이 떨어질 만한 타이밍에서 그룹 토의 형식으로 바꾸기도 하고, 흥미로운 영상을 중간중간 제시하여 집중도를 높이려고 합니다.

(4) 수업을 정리하는 두 가지 방법

저는 수업의 핵심 내용 설명이 끝나면 5—10분 정도의 시간을 남겨 마무리를 하는 시간을 가지려고 하는 편입니다. 수업의 내용, 상황 에 따라 마무리를 두 가지 방법 중에서 유연하게 쓰고 있습니다. 이 활동들은 매 차시 학습지 내용의 가장 마지막 부분에 표를 넣어 이 루어질 수 있게 합니다.

첫 번째는 '질문 만들기'입니다. 오늘 수업을 배우고 생긴 궁금한 점 을 학습지 질문란에 하나씩 적는 것입니다. 그리고 조원들과 서로의 질문을 공유하게 하고 학습지 질문란에 다른 친구의 것들을 기록하 게 합니다.

★ 오늘 수업을 마친 후 생각나는 질문을 쓰세요

그리고 친구들과 공유합니다

나의 수업 일기	예) 효소는 누가 발견했을까?

우리의 나눔 일기	친구 1. 예) 교과서에서 배운 효소 말고 또 다른 효소들은 어떤 것들이 있을까? 친구 2. 예) 우리 몸에 어떤 효소가 없다면 물질대사는 어떻게 될까? 친구 3. 예) 암모니아는 어떻게 만들어진 것일까?

〈표〉질문 만들기: 그날 학습지 끝부분에 첨부

수업하는 동안 교과서 내용에 집중하는 수렴적사고에 집중했다면 마무리는 학생들의 생각을 꺼내면서 지식과 생각을 확장시키고자 하는 것이 그 취지입니다. 이때 어떤 질문이라도 중요한 질문이니 학생이 궁금증을 가치 있게 생각하도록 미리 말해 주고, 교사는 어떤 질문이라도 친절하게 격려하는 태도를 보이는 것이 기본입니다. 그래야 학생들이 이 활동을 즐기면서 하게 됩니다. 뭔가 거창하고 학문적이고 심화적인 질문을 만들기 위해 애쓰도록 지도하지 않아도 꽤 생각해 볼 만한 질문들을 생각해 냅니다. 궁금한 게 하나도 없다고 말하는 학생도 있습니다. 그러면 이런 예를 들어 주기도 합니다. 예를 들면, 오늘의 배운 내용이 '효소의 특징과 종류'라고 해 봅시다. "효소를 최초로 발견한 사람은 누구일까요? 온라인으로 효소를 구입할 수 있는지, 가격은 얼마인지, 효소는 어떤 맛이 나는지? 다 아나요?(미소) 질문을 만들고자 하면 무한히 만들 수 있습니다. 자유롭게 만들어 보세요." 이렇게 예를 들어 주면 학생들은 편안한 마음으로 질문을 적기 시작합니다. 첫 시간에는 어색해하지만, 다음 시간부터는 술술 질문을 잘 풀어내는 것이 보입니다. 정확히는 '질문 쓰기'가 아니라 '질문 만들기'입니다. 반복하면서 생각하는 방식도 더 발달하게 됩니다. 교과서로 지식을 받아들이는 수렴적사고와 생각을 여는 확장적사고가 함께 이루어지면서 학생들의 뇌는 더 말랑말랑 유연해질 것입니다.

학생들이 질문을 적은 것을 보면 각자가 수업 내용을 얼마나, 어떻게 이해했는지 한눈에 파악할 수 있습니다. 교사는 학생들이 어떤 부분을 어려워하는지, 오개념이 생겼는지를 파악할 수도 있습니다. 학생은 질문을 쓰기 위해서 오늘 배웠던 내용들을 다시 읽어 보게 되고 스스로 정리하게 되는 시간도 갖게 됩니다. 조원들과 서로의 질문을 나누다 보면, 다양한 질문들에 즐거워하며 서로 답을 찾아보는 학구적인(?) 장면도 펼쳐집니다. 진짜 궁금하다면서 교사에게 질문을 하는 게 참 기특합니다.

두 번째는 '문제 만들어 공유하기'입니다. 오늘 배운 내용 중에서 문제를 1~2개 정도 내어 답을 정리하고, 그 문제를 다른 조원들에게 내어서 각자 풀어 보게 하는 것입니다. 만약 조원이 4명이고, 한 사람당 한 문제를 낸다면, 자신이 낸 문제를 제외하고 문제 3개를 더 풀어 보는 셈입니다.

★ 문제를 한 개씩 내어 봅시다 그리고
친구들과 공유합니다

내가 낸 문제	
친구와 문제 나누기	친구 1: 친구 2: 친구 3:

〈표〉 문제 만들기: 그날 학습지 끝부분에 첨부

문제를 내려고 하면 수업 내용을 다시 살펴보는 시간을 가지게 됩니다. 친구들이 낸 문제를 풀기 때문에 배운 내용을 유심히 살펴보아야 합니다. 서로 중요하게 여기는 부분이 다른 것을 보고 자신의 부족한 점을 보완하기도 합니다. 이 방법은 그날의 수업 내용을 정리하여 머릿속에 기억하는 데 효과적입니다. 보통 학습지에 문제지의 문제를 첨부시켜서 확인 문제를 푸는 방법을 많이 쓰는데요. '문제 만들기'의 경우, 그 방법보다 학생들이 좀 더 자기 주도적인 사고를 하면서 수업 정리할 수 있다는 장점이 있는 것 같습니다.

2

수업 중

1) 겸허한 마음으로 칭찬과 박수를 주기

교사는 수업 시간에 잘 듣고 이해를 잘 하는 성적이 좋은 학생들에게 집중하기 쉽습니다. 그리고 이해를 잘 못하거나 잘 따라오지 못하는 학생들에게는 상대적으로 마음이 소홀해지거나 낮추어 보는 마음이 생길 수 있습니다. 교사는 가르치고 지도하는 일을 하고 학생들은 가르침을 받는 자리이니 교사가 우월하고 학생들은 미숙하고 부족하다고 생각하는 게 익숙해지지 않았는지 교사 스스로 체크해 볼 필요가 있습니다. 학생들은 수업 지식, 삶의 지혜와 방법을 배우러 학교에 오는 것이지만, 어른들과 마찬가지로 각자 다양한 재능들과 장점들을 가지고 있습니다. 그림을 잘 그리거나 통통 튀는 아이디어가 있거나 옆 친구에게 따뜻한 말투를 하거나 발표를 잘하는 친구 등 지금은 학교 책상에 똑같이 앉아 있지만, 앞으로 학교 밖의 많은 경험들을 하면서 숨겨졌던 것을 찾고 갈고닦으면 앞으로 얼마나 빛나는 어른이 되어 있을지 아무도 모릅니다. 정말 말썽을 부리고 거짓말을 자주 하는 친구도 자세히 보면 분명히 저보다 잘하는 게 꼭 있을 거라는 생각을 합니다. 저는 학생들을 만나고 수업에서 학생들을 대할 때에 기본적으로 이런 마음을 유지하려고 노력합니다. '다양한 재능을 가진 큰사람이 될 아이들이 학교라는 곳에서 나와 같이 있는 동안만은 필요한 것을 잘 배울 수 있도록 도와주자.'라고 말이지요. 학교에서 지켜야 할 필요한 질서를 지키게 하고 기본적인 배려를 배울 수 있도록 가르쳐 주되, 그들이 더 훌륭한 성인으로 성장할 것이라고 믿어 주는 것이지요. 그런 마음이 장착되어 있으면 학생들에게 엄하게 대할 때에도 학생들은 교사의 지도를 수긍합니다. 학생들에게 겸허한 마음으로 대하기에 학생들도 예의가 바르게 행동합니다. 학생들에게 진심이 전해지기에 학생들도 감사한 마음을 표합니다. 수업 시간에 공부를 잘하고 잘 따라오는 친구들은 그들 나름대로 격려해 주고, 다른 다양한 아이들이 가진 보석을 발견한다는 생각으로 장점을 찾는 연습을 해 보길 추천합니다. 처음엔 쉽지 않지만, 이것이 습관이 되면 학생들의 온갖 장점들이 눈에 띄게 됩니다.

내가 먼저 학생을 지지하는 마음을 가져야 학생도 나에게 긍정적인 마음을 되돌려 줍니다. 내가 학생을 미워하는 감정이 있으면 학생도 미운 행동으로 나에게 갚습니다. 내가 학생을 신뢰하지 못하면 학생도 나에게 신뢰와 호감을 갖지 않고 멀리합니다. 학생이 만약 내가 원하는 모습이 아니더라도 5년 후, 10년 후, 어떤 깨달음을 계기로 철이 들고 자신의 장점을 잘 살려 몰라보게 멋있어지고 선한 영향력을 미칠 사람이 될 가능성은 반드시 있습니다. 세상은 넓고 할 일은 많다는데, 아직 드넓은 세상을 다 경험하여 살아 보지도 않았고, 우주의 광대한 역사에 비하면 아직 살아 보지 못한 인생이 많은 나, 교사가 학생을 판단하는 것은 조심히 이루어져야 할 부분이라고 생각합니다. 항상 내가 먼저 주어야 받습니다.

《돈과 인생의 비밀》(혼다 켄)에서 유대인 대부호 게라 씨는 위대한 사람에게는 그가 마치 위대하지 않은 것처럼 대접하고, 위대하지 않은 사람에게는 그가 매우 위대한 것처럼 대접하라고 말합니다. 저는 이 글을 '어떤 사람에게든 겸손한 마음가짐을 가지고 대해야 한다.'라는 의미로 해석했고 이 글을 가슴에 새겼습니다.

여러 학급을 수업하는 교사일 경우 반마다 수업 분위기가 다름을 많이 느낍니다. 어떤 반은 수업 태도가 전체적으로 차분하고 대답도 곧잘 하면서 수업에 집중하는 재미가 있고, 어떤 반은 유난히 산만하고 시끄럽고, 어떤 반은 활동 시간에는 집중을 잘하나 강의식 수업을 할 때는 반응이 별로 없는 반이 있습니다. 교사들은 수업에 많은 에너지를 쏟기에 수업 태도가 좋은 반을 선호하는 것은 당연하지만, 학급 분위기가 아주 다양한 게 현실이지요. 각 학급들은 제각각의 학생 30여 명이 모여 있는 곳입니다. 이들 각각이 개성을 가지고 있고 그 개성들이 함께 섞이면서 학급 분위기를 만들고 있습니다. 학생들이 똑같지 않듯이 이들 개개인이 모인 전체는 움직이는 생물입니다. 세상의 생물이 어느 하나 같은 것이 없고 살아 숨 쉬듯, 학급의 분위기도 가지각색이고 움직이고 있습니다. 그렇기에 교사가 수업하는 반들의 분위기가 교사가 선호하는 분위기라서 그 반이 좋고, 아니라고 해서 그 반이 나쁘거나 힘들다는 규정을 짓게 되면 후자의 경우 '힘들다.'라는 에너지가 커져서 장기적으로 볼 때 수업하기가 더욱 어려워지고 학생들과의 관계도 삐거덕거릴 수 있습니다. 살아 있는 생물인 학급들, 저마다 개성이 다름을 인정하고 반마다 어떤 개성이 있는지, 그 개성과 어떻게 놀아 볼지 마음가짐을 다지며 각 반의 다양한 분위기 속에 파도타기를 하듯 함께 즐겨 보는 건 어떨까요. 조용한 반은 좀 더 분위기를 올려 주는 밝은 목소리로 작은 격려를 아끼지 말고, 시끄러운 분위기의 반은 그중 장점을 찾아서 북돋워 주는 동시에 수업에 임하는 자세들을 정확히 가르쳐 주는 '엄근진(엄격하고 근엄하고 진지한 모습)'도 필요합니다.

에피소드 — 반이 너무 산만하면 어떻게 하나요?

30여 명의 다른 학생들을 50분 동안 한곳에 집중하게 한다는 것이 참으로 쉽지 않은 일이고 특히 유독 활발하고 집중하지 않은 반은 많은 선생님들이 수업을 힘들어하십니다. 그 이유나 상황이 정말 다르기에 모두 같은 처방을 내리기는 어렵지만 여러 가지 시도해 보시면서 경험을 쌓는 것이 중요할 것입니다. 예전에는 반 아이들이 너무 산만하면 일단은 같이 화를 내고 폭풍 잔소리를 하면서 아이들을 바로잡아 줘야 한다고 생각했습니다. 애들에게 만만해 보여서 그런가 하고 더 세게 나갔던 기억도 납니다. 그렇게 수업 시간을 보내니 기력이 너무 달리고 학교가 경찰서 같다는 생각에 스트레스를 집까지 와서 풀었던 것 같습니다. 그런데 이렇게 몇몇 학생들 때문에 화를 내면 조용히 수업받는 학생들까지 듣기 싫은 소리를 들어야 하고 교실 안의 분위기는 심각해집니다. 태도가 좋은 학생들도 은연중에 혼나는 기분이 들고 부정적인 에너지를 이어받습니다. 1년 동안 볼 학생들인데 길게 봐서 오래 함께 잘 갈 수 있는 방법을 찾아야 합니다. 우선 반 분위기가 너무 산만하면 거기에 같이 휘말리지 않는 것이 중요합니다. 아이들 중에는 처음부터 예의를 알고 수업 시간과 쉬는 시간을 구분하는 이도 있지만, 수업 시간 종이 쳐도 쉬는 시간에 놀던 것에 젖어 있는 학생들이 있습니다. 그래서 선생님이 들어가면 책을 펴지도 않고 교실을 돌아다니거나 자고 있는 아이들도 있지요. 학기 초에 그런 모습을 보인다면 수업 종이 쳤을 때 어떤 태도를 보여야 하는지 가르쳐 주는 것부터 해야 합니다. 교사의 지도를 귀담아듣거나 수업을 잘 준비해야겠다고 결심하고 습관을 들여 온 학생이 아닌 이상 학생들의 좋지 못한 습관들이 완전히 고쳐지리라고 기대를 하거나 한 번에 바꾸려고 하면 교사만 더 힘들어집니다. 지속적으로 가르쳐 주어야겠다고 마음먹고 시작해야 합니다. 어른들도 어떤 습관을 들이기 어려운데, 학생들도 빠르게 행동을 바꾸긴 힘들 것입니다. 학생들의 마음에 들지 않은 수업 태도를 비난하고 속상함에 집중하면 교사만 스트레스를 받습니다. 수업을 어떻게 하면 잘 보낼 수 있을지, 집중시킬 수 있을까 하는 마음에 집중하고 심각하게 상황에 매몰되지 않는 마음을 가지길 권합니다.

이런 반일 경우, 수업 전에 다이어리에 '1—5 차분하고 즐거운 수업을 해서 감사합니다.'이라고 적고, 학생들이 차분하게 수업에 임하는 상상을 수업 들어가기 5분 전에 잠깐 합니다. 그렇게 함으로써 미리 그 친구들은 그런 사람들이라고 믿어 주고 시작하는 겁니다. 그 반을 생각하면 정신없고 화가 난다는 생각을 가지고 수업에 들어가면 역시나 학생들을 보자마자 또 화가 날지도 모릅니다. 왜냐하면 이미 감정은 쌓여 있고 그 감정을 합리화할 장면들만 더 눈에 띄기 때문입니다. 상상으로 차분하고 즐거운 수업을 할 것이라고 생각하고 들어간다면 먼저 마음을 주었기에 학생들의 마음을 받을 가능성이 아주 높습니다. 실제로 그 전 시간보다 더 차분하게 임해 주는 수업을 많이 경험했습니다.

주의를 주어도 태도가 계속 좋지 않은 학생은 따로 불러서 대화를 합니다. 수업이 끝난 후, 복도 같은 시끄러운 곳보다는 교무실 책상으로 데리고 와서 학생과 마주 앉아 차분하게 얘기를 나누는 것이 좋습니다. 그동안 학생에게서 보이는 장점이나 긍정적인 특징을 짚어서 '선생님이 너를 어떤 면에서 굉장히 인상적이었고 기대되는 사람이 있다.'라는 것을 먼저 이야기합니다. 이때는 학생의 두 눈과 교사의 두 눈을 꼭 마주치고 낮고 부드러운 목소리, 또박또박한 말투로 말합니다. 그리고 오늘은 왜 그런 태도를 계속 보였는지, 다른 이유가 있는지 물어보고 학생의 답변을 듣습니다. 그리고 선생님이 이런 점에서 학생을 믿고 있고 학생의 발전을 위해 수업에 힘쓰고 있으니 도와줬으면 좋겠다는 약간의 부탁을 합니다. 끝으로, 다음 시간부터는 어떻게 할 것인지에 대한 학생 스스로의 대답을 약속받습니다. 이렇게 한두 번의 상담을 하고 나면 학생들은 다음 수업 시간부터는 훨씬 믿음직스러운 태도를 보였습니다. 학생 지도가 어려우신 분들이 계시다면 이 방법을 한번 시도해 보시는 것을 추천합니다.

3

수업 후

1) 커다란 하트 표를 내려 주기

수업 중에 학생의 태도가 불손해서 교사가 화날 일도 있을 수 있습니다. 따로 불러서 얘기해도 반항적인 태도가 유지되거나 다음 수업에도 같은 행동을 반복하여 훈계를 하면 학생과의 관계는 더 악화될 수 있습니다. 수업을 마친 후에도 학생의 태도에 대한 부정적인 감정이 남아 있다면 다음 시간에도 교사의 감정이 행동에 영향을 미쳐 학생을 대할 때에 과도하게 훈계하는 악순환이 반복될 수 있습니다. 그래서 웬만하면 한 개의 수업을 마쳤을 때 학생들에 대한 부정적인 감정을 내려놓는 것이 좋습니다. 교사도 사람이고 어린 학생에게 상처 되는 말을 받으면 미움이 올라오는 것은 당연하지만 그 미움이 앞으로의 일에 도움이 되지 않는다는 인식을 일단 하는 게 좋습니다. 저는 마음에 걸리는 학생이 떠오르면 그 학생이 저에게 섭섭했던 일에 대해 공손하게 사과를 하는 장면을 상상합니다. 그리고 건강한 미소로 저에게 믿음직스런 모습을 보여 주는 모습을 상상합니다. 그러면 저도 그 학생에게 격려를 해 주고 큰 하트를 내리는 상상을 합니다. 이런 생각을 하고 나면 제 감정이 약간 가라앉는 것을 느낍니다. 그 후, 학생이 떠오를 때마다 부정적인 감정이 들기 전에 믿음직스러운 모습으로 저에게 크게 인사를 하는 상상을 합니다.

다음 시간에 학생을 만나게 되면 학생의 태도가 어떻든 상관없이 저는 지난번의 부정적 감정을 내려놓고 차분하게 대하게 됩니다. 오히려 제가 편안한 표정으로 대하는 태도를 보이면, 지난 수업을 찜찜해하던 학생도 조심히 대하고 예의를 지키기 시작하는 것을 경험한 적이 많이 있습니다.

수업을 위해 늘 최선의 노력을 하지만, 교사도 지나간 수업에 대해 마음이 찜찜하거나 조금 더 잘할 걸 하는 아쉬움이 남는 경우가 많습니다. 그러면 그 반을 생각하며 사랑의 하트를 내려 주는 상상을 역시 합니다. 그리고 다음 수업 전에 제가 만족하고, 학생도 만족스러운, 원하는 방향으로 수업이 순조롭게 흘러가는 상상을 잠깐 하면서 준비를 합니다. 신기한 것은 그렇게 임한 수업들은 다시 관계가 더 좋아지고 좋게 개선되는 경우가 많다는 것입니다.

2) 매너리즘에 빠졌을 때 대처법

수업에 대한 열정이 사라진 적이 있나요? 제 경험으로는 한 가지 과목을 몇 년 째 가르치게 되면서 매너리즘에 빠지는 것을 느낄 수 있었습니다. 처음 가르칠 때는 떨리고 부담되면서도 새 수업을 구성하고 적용하는 성취감이 함께 섞여 심장이 쫄깃쫄깃한 기분이 들었습니다. 첫 수업이니 긴장이 많이 되어 몇 년씩 가르치신 동료들을 보면 부럽기도 했습니다. 다음 해에 가르칠 때는 조금 더 수월하고 편안했습니다. 그 다음 해에 세 번째로 가르치니 내용을 다 안다는 생각이 들면서 오히려 수업 준비가 느슨해지고 연습을 덜하게 되고 준비도 적당히 하고 있는 제 모습을 발견했습니다. 준비하는 마음이 그렇기에 학생들에게도 적당한 마음으로 가르치게 되고 수업 자체도 재미가 없어지는 듯했습니다. 이것이 쌓이면 학생들도 조금씩 이해가 안 되는 수업을 듣게 되고 수업에 대한 불신이 쌓여 갈 것이라는 생각이 들었습니다.

그때서야 익숙하고 편안한 것이 결코 즐거운 일만은 아니라는 것을 느꼈습니다. '성장해 가는 것이 열정과 기쁨을 준다'는 말을 실제로 체감할 수 있었습니다. 열심히 참고 노력해서 완전한 결과와 성공을 해야 무엇인가 이룬 것이라고 생각했습니다. 원하던 것을 이루었을 때의 성취감은 얼마 동안은 기쁨을 쥐여 줍니다. 그렇지만 그 노하우만을 반복하다 보면 마치 다 알고 있는 것 같고 새롭지 않고 지루해집니다.

이래서는 안 되겠다는 생각이 들어서 여러 가지로 열정을 되찾기 위한 방법들을 찾아보았습니다. 몇 년씩 동일한 과목을 가르치는 주변 동료들에게 열정을 유지하는 방법이 어떤 것이냐고 물어보기도 하였는데, 매년 새로운 방법으로 업그레이드했기에 수업이 달라진다는 감사한 답변을 들을 수 있었습니다. 그래서 전년에 비해 다른 수업을 구성해 보고자 노력했지만 도통 떠오르지가 않았습니다. 그렇게 '어떻게 하면 열정을 담아 올해도 좋은 수업을 만들어 갈 수 있을까?' 하는 질문을 계속 마음에 담고 있었습니다. 그리고 마음을 편안히 먹고 평소 좋아하는 다양한 경험들을 주말에 하기 시작했습니다. 우연한 기회에 세계적인 테니스 대회에서 세계 랭킹에 드는 선수들의 경기를 직접 관람하게 되었습니다. 수십 년을 훈련하면서 테니스를 계속해 왔을 선수들을 보고 있자니 저 선수들은 어떻게 오랫동안 테니스에 대한 열정과 집중을 유지해 왔을지 궁금했습니다. 또 뮤지

컬 공연을 보게 되었는데, 너무 재미있게 공연하는 베테랑 배우들을 보면서 '하루에 3번씩 몇 달을 같은 공연을 하는데 매번 어떤 마음으로 공연을 할까? 공연을 반복하면서도 열정 어린 최선의 공연을 선보일 수 있는 방법은 무엇일까?' 하는 생각이 공연 내내 들었습니다. 배우들에게 직접 물어보진 못했지만, 갑자기 이런 생각이 떠오르더군요. '지금 이 시간에 만난 이 관객에게는 처음이자 마지막으로 하는 공연이기에 최선을 다한다고 생각하지 않을까.'라고 말입니다. 저는 반복해서 많이 익숙하지만 올해 만난 학생들은 평생 처음이자 마지막으로 저의 수업을 듣는 것이겠지요. 그러므로 저는 정성을 다해 매 수업에 임하고 아이들이 제대로 이해가 되었는지 살펴봐 주고 도와주어야 하는 게 아닐까 하는 생각이 들었습니다.

얼마 전에는 어떤 영화를 참 재미있게 봤는데요. 그 영화의 주연 배우가 인터뷰한 기사를 보고 또 다른 팁을 얻었습니다. 온 국민의 연기 호평을 받는 배우에게 연기를 할 때 중요하게 생각하는 마음가짐이 무엇이냐는 질문을 하자, 그는 "영화 한 편을 찍고 나면 그 영화 속에서 했던 연기를 '제로 값'으로 되돌리고, 처음 시작하는 마음으로 다음 영화를 준비한다."라는 답변을 했습니다. 저는 여기에 착안해서 작년까지 했던 수업은 '제로'가 되었다고 생각을 하고, 이 과목을 처음 본다, 처음 가르친다는 생각으로 수업 교재를 보니, 새로운 에너지와 아이디어가 다시 솟아오르는 것이 느껴졌습니다.

혹시 일에 대한 열정이 사라지고 매너리즘에 빠진 것 같은 생각이 든다면 똑같은 일을 반복하고 있기 때문일 가능성이 있습니다. 이런 기분이 든다면 이제 새로운 것을 하라는 '신호'이자, 앞으로 더 클 것이라는 '사인'입니다. 이것은 성장할 수 있는 '절호의 기회'이기도 합니다.

새로운 방법으로 일을 짜 보거나 도전할 만한 일을 찾아보세요. 주말에 시간 내어 하고 싶었던 경험을 찾아서 하는 것도 좋습니다. 배울 점이 있는 멘토들을 만나거나 미술관, 음악회, 뮤지컬 등 문화생활을 즐기면서 자신을 더 나은 장소 속에 올려놓아 보세요. 자기 일을 사랑하는 사람들이 만들어 놓은 훌륭한 공간 안에서 있으면 반드시 긍정적인 영감을 얻게 될 겁니다. 그리고 어제까지의 '나'란 사람, 내 경험들은 모두 '숫자 0'이 되었다고 생각하고 처음 시작하는 마음으로 하루를 보내 보세요. 원하던 답을 얻을 수 있습니다.

3부

상담은 학생과
신뢰를 만드는 꽃

'상담'은 상담 전문가가 따로 있을 정도로 전문적인 분야입니다. 교사들은 상담을 어디까지 해야 되는지, 학생과 잘 상담하려면 어떻게 해야 되는지 살짝 두렵고 부담이 되는 면이 있습니다. 담임을 맡으면 필수로 하는 것이라 피할 수 없는데, 저는 어느 선까지 어떻게 상담을 해야 할지 몰라서 많이 어려웠습니다. 처음에는 신상을 파악하는 것에서 시작했는데 학생들이 묻는 말에는 "예, 아니오"만 대답하면서 길게 말을 하지 않아 어려웠고 내 말만 늘어놓는 상담이 아닌가 하는 회의감이 들었습니다. 또 어떨 때는 성적과 공부 방법에 관해서만 치중해서 상담을 하는 것 같은 기분이 들 때도 있었습니다. 학생과 정서적인 면과 학업적인 면에 대해 두루 상담을 하는 게 필요할 것 같은데 한 명 한 명 긴 시간 상담하면서 피로도도 심해서 부담스러웠습니다.

제가 생각하는 상담 시간은 교사가 단순히 정보를 파악하는 것을 넘어서서 학생을 이해해서 한 해를 더 잘 보내기 위한 시간이고, 학생에게는 이 교사라는 어른이 믿을 만한 따뜻한 사람인가를 탐색하는 과정입니다. 그리고 이 상담을 마치면 무언가 학생의 마음이 편안해지고 도움을 얻었다는 생각이 들고 '제 얘기를 들어주셔서 감사합니다.'라고 생각이 들 때 잘 이루어진 상담이라고 생각합니다.

상담은 '학생과 신뢰를 만드는 꽃'이라는 말에 확실히 동의합니다. 수업 시간이나 조회, 종례 시간에는 교사 한 명과 학생 전체이기에 학생 개개인은 잘 드러나지 않고 눈에 띄는 외면만 보고 지나가기 일쑤입니다. 그 시간들조차 모범적인 모습을 보이는 학생을 칭찬하거나 문제 행동을 보이는 학생을 지적하는 데 많이 쓰여집니다. 당연히 개인적인 질문이나 고민 등을 나눌 시간은 없는 것이지요. 서로 눈을 마주치고 짧은 시간 대화의 물꼬를 트는 소소한 시간이 한 학기 동안 교사와 학생이 유대감을 쌓는 데 중요한 역할을 합니다. 교사와 학생 간의 일어날 수 있는 수많은 일들은 수업, 행사, 정보 제공과 같은 사무적인 일들 사이사이에 작은 유대감들이 채워지면서 같이 맞물려 나아가는 회전목마와 같습니다. 학교 행사를 따라가는 것으로 끝난다면 회전목마는 삐걱삐걱 소리가 나고 시끄럽거나 지루합니다. 윤활유와 아기자기한 장식물들이 회전목마를 더 부드럽게 돌아가게 하고 작은 삐걱거림들도 조정해 주면서 하루의 쇼를 마치는 것이지요. 바쁘게 돌아가는 학교 속에서 학생들 개개인을 상담하는 것은 선생님들의 노고가 참으로 많이 들어가는 부분입니다. 시간 배분이나 정성을 쏟는 것에 완급을 잘 조절하여 선생님이 받는 스트레스를 최소화해야 보다 질 높은 상담을 할 수 있습니다. 교사가 힘들지 않는 것이 가장 좋은 상담의 바탕이 됩니다. 상담하는 데 도움을 드리고자 상담 전, 상담 중, 상담 후에 하는 저의 팁들을 제안합니다.

1

상담 전 학생이 준비할 일

보통 새 학년이 시작되면 학생의 신상에 관한 자료를 적어 내게 합니다. 학생이 사는 곳, 가족관계, 일과 시간을 사용하는 방법, 진로와 관련된 생각 등이 적혀져 있는 종이를 내어 주면 그것을 토대로 학생의 간단한 정보를 파악할 수 있습니다. 더불어 저는 학생이 '자신이 잘하는 점 3가지', '고치고 싶은 점 3가지를 원하는 것으로 바꾸기', '이루고 싶은 것' 등을 적는 란을 첨가합니다. 학생을 객관적인 수치로 파악할 수 있는 정보 외에 정성적으로 파악할 수 있는 부분을 추가해서 다양하게 학생들의 생각을 열게 하고자 마련한 질문인데, 생각보다 학생들은 진지하게 써 놓습니다. 학생들도 나름의 바쁜 시간을 보내고 있는 가운데 잠깐 스스로를 돌아볼 수 있는 시간을 가지고 생각을 하고 기록도 해 보는 기회를 가지게 됩니다. 상담을 하기 전에 그 학생이 낸 종이의 내용을 미리 읽고 필요한 준비를 하는 것도 풍성한 상담을 하는 데에 도움이 됩니다.

②

커다란 하트 표를 내려 주기

상담이 시작되면 저는 최대한 학생에게 친절하게 대해 줍니다. 원래 짓는 미소보다 더 활짝 미소 지어 주고 목소리와 말투에도 안정감과 정을 담아 표현합니다. 개인적으로 얼굴과 눈을 마주 보며 대면하는 시간은 학생에게 교사에 대한 어색함과 어려움을 풀어 주고 신뢰를 만들게 하는 첫 만남입니다. 전체로 함께할 때는 이루어지기 어려운 대화와 교감이 이루어지는 시간, 물론 저도 사람인지라 새로운 학생과 대화하는 것이 떨리기도 하고 어색한 부분도 있습니다. 그리고 '상담이 잘 진행되고 학생에게 도움이 될 수 있을까?' 하는 불안이 들어오기도 합니다. 저는 상담을 시작하면서 잠깐 학생을 커다란 하트 표로 감싸는 상상을 합니다. 학생은 제가 그런 상상을 하며 바라보고 있는지 모르겠지만, 저의 진심과 바람은 분명 학생에게 간다고 생각합니다. 특히, 학생이 고민을 토로할 때 교사인 나도 어떤 말을 해야 될지 난감할 때가 있습니다. 그럴 때는 성급하게 많은 말을 쏟아 내려고 하지 않고 가만히 학생의 머리 위로 하트를 내려 줍니다. 그리고 서로 좋은 방법을 찾아보자고 합니다. 신기하게도 그렇게 상담하지 않은 해에 비해 잠깐 하트를 내려 준 상담을 시작한 해부터 상담이 훨씬 더 잘 마무리가 되었고 학생들의 호응이 좋았으며 '상담을 잘해 주셔서 감사하다.'라는 피드백을 많이 받았습니다.

③

열린 질문으로, 스스로 말하게 격려하기

상담 시간 중에서 학생이 얘기를 하는 부분이 많은 비중을 차지하도록 신경 쓰고 있습니다. 저는 학생이 자신의 이야기를 할 질문을 주고, 두 눈을 마주치고 고개를 끄덕이면서 계속 듣고, 그 안에서 학생이 상담거리를 긍정적으로 해결할 수 있는 질문을 하면서 필요한 조언들을 제안하는 방식으로 상담을 했었습니다. 학생에 따라 자신의 얘기를 하는 정도가 다를 수 있지만 교사가 친절한 태도로 학생이 말하는 것을 기다려 주고 잘되기를 바라는 마음으로 들어주고 같이 고민해 주면 학생들은 어색한 자리일지라도 자신의 얘기를 하게 됨을 경험했습니다. 교사가 자신의 경험을 토대로 학생의 의견이나 행동을 단정 지으며 지적이 많은 시간을 차지하지 않도록 유의하는 게 좋습니다.

1) 자신의 장점 3가지 설명하기

학생들이 자신의 이야기를 할 수 있도록 하는 첫 질문은 질문지에서 '자신의 장점 3가지'를 보이며 교사에게 이야기해 주도록 하는 것입니다. 이러한 것들을 적어 놓았는데 선생님에게 좀 더 구체적으로 이야기해 줄 수 있겠냐고 물어보고 기다려 줍니다. 자신의 이야기들을 잘 풀어내는 아이들도 있고 간단하게 설명하는 아이들도 있습니다. 사람들은 자신의 장점을 말하고 싶어 하는 성향이 있기에 이 질문에 관해 설명을 하고 나면 기분이 긍정적으로 변하게 됩니다.

2) 자신이 고치고 싶은 점 3가지를 쓰고 원하는 장면으로 바꾸기

'자신이 고치고 싶은 점 3가지를 쓰고 원하는 장면으로 바꾸기'라는 질문에 대한 답에 대해서도 구체적으로 설명해 주라고 요청합니다. 어떤 행동을 고치는 데 어려운 점이 무엇인지 물어봐도 좋습니다. 그리고 방해가 되는 행동이나 생각을 줄여 나가도록 안내하는 것이지요. 고치고 싶은 점을 분석하고 집중하는 것을 넘어 방해되는 몇 가지들을 안 하는 것만으로도 하루를 긍정적으로 마치는 데 도움이 될 수 있습니다. 학생에게도 방해가 되는 것들을 한두 개씩 줄이기만 해도 하루를 훨씬 잘 보낼 수 있고 그것이 쌓이면 큰 힘이 된다는 점을 설명해 줍니다.

3) 진로에 대해 함께 대화하기

학생에게 어디에 관심이 많은지 물어보면서 진로를 파악하는 부분입니다. 자신이 관심이 있는 부분을 구체적으로 말하는 친구들이라면, 그 분야에 대해 어떤 걸 더 알아보거나 행동했는지 물어보면서 그들의 이야기를 듣습니다. 그리고 도움이 필요한 부분에 조언을 하고, 특히 성적을 어떻게 관리해야 할지 같이 얘기하고, 진로를 위해 필요한 활동들을 스스로 찾아 해 보게 격려를 해 줍니다.

자신이 무엇을 좋아하는지, 어떤 진로를 가져야 할지 아직 정하지 못한 친구들도 꽤 있습니다. 10대에 어떤 일을 하고 싶었지만 성인이 되고 나서부터 직업이 바뀐 어른들을 많이 보아왔습니다. 10대 때에는 경험이 많지 않기 때문에 생각하는 것도 한계가 있습니다. 부모님들의 조언들도 좋지만 어디까지나 30년 전에 살았던 과거 경험에 익한 조언들이라는 것도 인지해 두어야 합니다. (모든 사람들에게도 해당되는 것이지만) 학생들은 현재를 살아 내고 미래를 만들어 가는 존재들입니다. 과거에 남들 앞에서 발표를 잘 못했다고 '나는 발표를 못해.'라고 생각하면 현재도 앞으로도 어디가든 발표를 못하겠지요. 과거는 그랬지만 '나는 이번 회사 프레젠테이션에서 꼭 당당하게 잘할 거야.'라고 마음 굳게 먹고 준비해서 훨씬 당차고 자신감 있는 하루를 만든 어른들이 얼마나 많은지 모릅니다. 학창 시절에는 무엇을 잘할지 무엇을 하고 살아야 할지 잘 몰랐지만 어른이 되어 아르바이트도 하고 여행도 다니고 책도 읽고 이 경험 저 경험하며 하루하루 현재 이 순간을 살다 보면 자기가 재미있고 잘하는 직업, 경제적인 자립을 도와주는 일을 만나게 될 수 있을 것이라고 생각합니다.

그러니 아직 진로를 결정하지 못했다고 자신을 답답해하는 학생들에게 스스로에 대한 고민을 거두고 열려 있는 자신의 미래를 환영하게 해야 합니다. 그리고 오늘 내가 할 일, 해야 할 일들이 무엇인지를 보고 충실히 보내고 무슨 과목을 공부할 때 재미있는지 무슨 과목의 어떤 부분을 할 때 더 찾아보고 싶은지 어디에 호기심이 생기고 배워 보고 싶은지, 하루하루 탐색하며 살아 보자고 얘기해 줍니다. 고등학생일 경우에는 진로를 정해 생활기록부 내용을 거기에 맞춰 꾸준히 관리하는 게 중요하기 때문에 좋아하고 잘하는 과목, 흥미가 가는 분야 위주로 범위를 좁혀 준비하도록 조언하는 것이 필요하기도 합니다.

진로에 대한 상담을 하다 보면 여러 가지 개인적인 이유로 성적, 행동 등을 잘 관리하지 못한 과거를 자책하는 친구들을 많이 보았습니다. 그런 친구에게는 이미 지나갔으니 완전히 잊고 다시 오늘부터 "준비 시작!" 하자고 합니다. 아무리 후회해도 돌아오지 않을 과거, 더 이상 내 힘으로 어찌할 수 없는 실수만 보고 있으면, 몸은 현재에 있는데 생각은 과거에 머물러 있는 것과 같습니다. 보석 같은 현재의 시간을 낭비하고 있고, 후회되는 일들을 계속 끌어당길 것입니다. 차라리 과거의 생각을 머릿속에서 '제로 값'으로 만들고, '오늘, 지금, 당장 무슨 일을 할까? 앞으로 더 잘 보내고 싶은데 어떤 좋은 방법이 있을까?'라는 물음을 속으로 던져 보는 게 좋습니다. 그리고 고민과 생각은 그만두고 몸을 움직여 어떤 행동이라도 하라고 합니다. 생각이 너무 많으면 몸이 처지고 에너지가 떨어져 행동을 방해하기 때문입니다. 전혀 자신의 과거의 성적, 행동이 아쉽지 않은 학생이 전국에 몇 명이나 있을까요?(따뜻한 미소) 떠올리면 가슴이 아픈 그 순간이 '반성'을 넘어 학생에게 '깨달음'을 주었다면, 그것이야말로 삶의 큰 재산을 얻은 것이고, 보다 깊고 넓은 공감 능력을 가진 사람으로 성장하는 데 소중한 경험이 되었을 것입니다. 우리 사람은 삶의 어떤 순간에든 앞으로 나아가고 있다고 합니다. 그러니 어제까지는 모두 잊고 "오늘부터 진짜 내 인생이다."라고 생각하고 오늘, 할 수 있는 것만 바라보자, 진심을 다해 보내자고 격려해 주고 응원해 줄 때, 학생은 물론 학부모님도 힘을 내시고 앞으로의 일에 집중하는 모습을 많이 봐 왔습니다.

꿈을 말하고, 자유롭게 상상하게 하기

저는 마지막에 학생들에게 서른 살이 되었을 때 경험하길 원하는 장면을 구체적으로 써 보라고 하였습니다. '원하는 장면'을 쓰는 것인데, '내 집 마련', '취직'이라는 답이 나옵니다. 이런 답들은 더 하고 싶고 누리고 싶은 삶을 살기 위한 과정이라고 생각합니다. 다시, 서른 살이 되었을 때 원하는 자신의 모습을 좀 더 구체적으로 생각해 보자고 합니다. 이때, 꿈의 실현 가능성에 대한 한계나 방법은 생각하지 말고 더 큰 꿈을 꾸고 큰 생각을 가질 수 있도록 격려해 줍니다. '유럽 여행 가서 친구들과 너무 즐겁게 노는 모습', '나만의 멋있는 거실에서 혼자 좋아하는 음악을 듣고 있는 모습', '서울에 있는 대학 캠퍼스 잔디밭에 누워서 하늘을 바라보는 모습' 등으로 대답이 나옵니다. 유럽 여행을 말하는 학생이라면 어느 나라에서 풍요롭고 럭셔리하게 마음껏 놀고 누리는 모습을 이끌게 하고, 나만의 멋진 집이 몇 평인지, 차는 어떤 차인지 구체적으로 이야기해 보자고 합니다. 그리고 이 장면을 머릿속에 넣어 자주 상상하도록 하면서 꼭 이루어질 것이라고, 이미 이루어졌다고 말해 줍니다.

학생들은 다양한 경험들을 접하지 못한 나이이고, 뉴스나 어른들의 조언들을 접하면서 주변에 함께 있는 현실만큼만 꿈을 가지는 경향이 있습니다. 우리에게 주거지나 취직과 같은 생존의 욕구는 가장 기본이면서도 중요한 것은 맞습니다. 그렇지만 지구라는 세상에 온 이상 이곳의 다양한 아름다움을 경험하고 즐기는 기쁨의 욕구가 우리의 삶을 더욱 풍성하게 해 준다고 생각합니다. 하루 삼시 세끼를 먹지만, 더 근사한 곳에서 정성 들여 만든 음식을 먹을 때 행복하지요. 몸을 뉠 자리가 있는 내 집이 있지만, 좋아하는 공연을 보고 여행을 가면 새로운 경험에 즐겁습니다. 일하고 번 돈을 통장에 쌓아 두고 보고만 있는 것보다 하고 싶었던 경험, 정말 갖고 싶었던 물건을 사는 시간을 가질 때 돈의 가치를 누리게 되고 일하고 싶은 욕구가 솟아오릅니다. 그러니 학생들에게 미래를 꿈꿀 때 '의사', '회사원' 등의 미래의 역할들을 쓰게 하는 것보다 이미 그것들이 되었고 그 순간 정말 하고 싶은 장면을 생각하게 하는 것이 더 동기부여가 되는 것입니다.

의사가 되는 게 꿈인 한 학생이 있었습니다. 왜 의사가 되고 싶은지 물어보니, 자신이 어릴 때 많이 아파서 입원한 적이 있었는데 든든하게 자신을 치료해 준 의사 선생님을 보고 깊은 존경심을 느꼈다고 합니다. 그래서 직접 의사 선생님께 찾아가서 어떻게 하면 선생님과 같은 의사가 될 수 있는지 물어볼 정도로 어린 열정이 있었고 계속 그 꿈을 간직해 왔습니다. 그런 열정이 있으니 학업 관리에도 자연스럽게 열의를 다해 왔고요. 마흔 살쯤에야 전문의가 되어 환자를 치료해 줄 텐데, 어떤 어린이 환자의 수술이 잘되어 자신에게 활짝 웃는 모습이 떠올리니 너무 좋다고 하였습니다. 자주 이 장면을 상상하고 아이들이 지나가면 싱긋 웃어 주면서 속으로 '내가 치료해 주었더니 너무 건강하네.' 하면서 이미 훌륭한 의사가 되었다고 생각하고 지내라고 말해 주었습니다. 이제 그 학생은 꼭 선량하고 훌륭한 큰 그릇 큰 부자인 의사가 되어 스스로를 사랑하고 많은 이들에게 베푸는 사람이 될 것이라고 저는 믿어 주기만 하면 됩니다. 교사인 제가 할 일은 그냥 학생을 믿어 주는 것입니다. 다 잘될 것이라고 학생의 인생을 믿어 주고 응원해 주는 것뿐입니다.

또 다른 학생은 서른 살에 잔디밭이 있는 단독주택 50평에 임신한 부인과 아이 한 명과 화목한 가정을 이루고, 페라리 자동차를 가지고 있는 상상을 하니 생각만 해도 행복하다고 말했습니다. 늘 그 상상을 하고 있고 오늘 할 일들, 떠오르는 일들을 즐겁게 정성을 다하면서 착하게 지내자고 약속하였습니다. 이미 이루어졌다고 말하니, "당연하죠!" 하고 기분 좋게 대답하더군요. 그 학생은 꼭 이룰 것입니다. 제가 할 일은 그냥 학생을 믿어 주는 것입니다. 학생의 인생을 믿어 주고 응원해 주는 것뿐입니다.

5

상담의 끝은 '고맙습니다'로 마무리하기

나이도 성별도 살아온 경험도 너무 다른 교사와 학생, 두 사람 간의 대화가 어떻게 완벽하게 소통이 가능할까요. 그저 서로의 자리에서 최선의 대화를 해 나가는 것이고요. 20—30분 정도의 상담 시간 안에서 교사가 학생을 위해 완전히 만족스러운 상담을 하려는 것 자체가 쉽지 않습니다. 상담을 한 후에 좀 더 세세한 부분에 잘할 걸 그랬나, 더 좋은 답변을 해야 했는데 그러지 못했다는 아쉬운 마음이 남기도 합니다. 그럴 때는 마음속으로 그 학생을 떠올리고 이런 상상을 하곤 합니다. '네가 잘해 주니 참 고맙구나.'라고 제가 말하면 학생 역시 '오늘 상담 너무 고맙습니다. 많은 도움이 되었습니다.'라고 내답하면서 함께 대화하며 생긋 웃는 상상입니다.

교사는 한 학생을 조금이라도 이해하는 시간을 가지자는 마음으로 들어주고, 인생 선배로서 조언을 해 주어야 합니다. 그렇게 상담이 끝나고 나면 학생과 그 시간을 향해 '감사함'을 보내는 것으로 마무리하게 되면 교사의 마음이 가장 편안해지는 것 같습니다. 그렇게 편안함으로 충족된 에너지로 다른 학생들을 더 잘 상담할 수 있고 다른 일도 능률적으로 해낼 수 있을 것입니다.

6

나의 스승, 나의 제자

제 인생에 기억이 남는 스승님을 꼽으라고 하면 생각나는 한 분이 있습니다. 그분은 저의 중학교 1학년 담임선생님이십니다. 초등학교 때는 공부를 하는 둥 마는 둥 했지만 중학교에 입학하면서 이제부터는 좀 더 진지하게 공부해야겠다고 마음먹었습니다. 첫 중간고사를 앞두고 담임선생님은 예쁜 편지지에 시험 계획표를 짜게 하고 어떻게 하면 시험 계획을 잘 짤 수 있을지, 잘 실천할 수 있을지 조언을 해 주셨습니다. 특별히 공부하는 방법을 배울 만한 어른이 주변에 없었고 학원을 다니지도 않고 학교에서 배운 수업에만 의지하고 있던 저는 선생님의 말씀대로 예쁜 편지지를 골라 시험 계획을 이틀에 걸쳐 꼼꼼하게 짰던 기억이 납니다. 그리고 그 계획을 지키기 위해 노력하고, 지키지 못한 부분들은 수정해 가며 첫 시험을 치렀습니다. 덕분에 좋은 성적을 거두었고 이 경험을 발판으로 중학교 3년을 계획을 잘 세워 실천하는 습관이 몸에 배어 즐겁게 해 나갔던 것 같습니다. 판서를 또박또박 쓰시고 수학을 잘 가르쳐 주시면서 밝게 웃으시던 선생님의 모습이 너무 좋아서 조회, 종례 시간을 너무도 기다렸던 기억이 나네요. 마지막 방학식 날 반 아이들에게 엽서를 주셨는데, 저에게 이런 감동적인 글을 써 주셨습니다.

'지현아, 너는 꼭 잘될 거야. 너 스스로 긍지를 가져. 선생님이 인정했으니 말이지.'

저는 그 시절 무언가 부족하고 참 잘 못한다는 열등감, 미래에 대한 두려움이 가득 찬 아이였습니다. 그래서 선생님의 엽서를 받았을 때 사실 이해가 잘되지 않았습니다. '내가 어딜 봐서 잘될 거라는 걸까. 나의 어떤 면을 인정하신다는 걸까. 긍지를 갖고 살면 되긴 하는 걸까. 그냥 좋은 말을 써 주신 게 아닐까.' 하는 의구심이 먼저 들었지만, 그래도 좋아하는 어른에게 그런 글을 처음 받았던 저는 기분이 하늘을 날아갈 것같이 좋아서 집으로 가는 길 내내 콩콩 뛰어갔었습니다. 제 방 책상 위에 깔린 유리판 사이로 보물단지 모시듯 엽서를 끼워 두고 신이 나서 큰 소리로 읽고, 읽고, 또 읽었습니다. 고등학교를 보내면서 대학 진학에 대한 스트레스로 힘들 때마다 선생님의 글을 읽고, 또 읽었습니다. 그리고 세월이 많이 흐르면서 엽서는 어떻게 해서인지 지금은 사라져 버렸습니다.

그로부터 15년 후, 저는 교사가 되었고 아이들마다 다양한 장점들이 보일 때, 눈을 반짝이며 수업과 실험에 집중하는 모습을 보일 때, 알고 싶은 것을 끝까지 질문하고 배우는 것을 기뻐할 때, 그런 학생에게 문득 이런 말을 해 줘야겠다고 속으로 생각한 적이 있습니다.

'얘야, 너는 꼭 잘될 거야. 내가 인정할게. 그러니 너 스스로 긍지를 가지고 살렴.'

그러다가 순간 화들짝 놀라 버렸습니다. 어디서 많이 들었던 말이었던 것이지요. 바로 중학교 1학년 때 담임선생님이 주신 엽서 속 문장 말이지요. 엽서는 사라졌지만, 제 마음속에는 여전히 남아 있었던 것입니다. 감사함과 감동의 눈물을 쏟으며 펑펑 울었습니다. 제가 아주 어렸을 적에 선생님께 들었던 말을 지금 저의 제자에게 똑같이 말하려고 하고 있습니다. 힘들었던 시절 동안 저를 깨워 주고 살렸던 그 소중한 한마디. 이래서 세상은 아름다운 걸까요. 그분은 제 인생에서 가장 필요한 때에 저에게 나타나 인생의 희망을 불어넣어 주신 수호천사였습니다.

그리고……, 제가 제자들에게 그 말을 해 준다면 저 역시도 학생들에게 수호천사가 되는 걸까요.

4부

가슴 뛰는
내 인생 만들기

교사는 학생들 앞에서 바른 모습을 보이고 칭찬과 격려를 해 주기 위해 노력하는 등 도덕적인 행동을 할 것에 대한 기대를 많이 받고 있습니다. 이렇게 외부의 시선에 신경을 쓰면서도 정작 교사 자신에게는 칭찬과 격려 한마디 없이 시간을 보내고 있지는 않은지 생각해 봅시다. 퇴근을 하고 집에 오면 교사 내면을 채울 수 있는 시간을 가져야 합니다. 집에 와서도 학교 일이 생각나고 신경 쓰면 육체만 쉬는 것이지 제대로 쉬는 게 아닙니다. 정신적인 평화와 기쁨을 느끼고 건강을 돌보면서 스스로를 따뜻하게 채울 때에야 내면의 에너지가 채워지면서 진정한 휴식을 하게 됩니다. 또한 다음 날, 그 따뜻함을 학생들에게도 전해 줄 수 있습니다. 그래서 단순히 육체적으로 쉬는 단계를 넘어서 나 자신을 더 풍부한 사람으로 만들어 가는 것, 세상의 아름다움을 더 풍성하게 누리는 사람으로 스스로를 채우는 시간을 가져야 합니다. 이것은 학교생활을 더 즐겁게 하는 데에도 돌아가므로 선순환으로 이어집니다.

당신이 좋아하는 것은 무엇입니까? 당신의 꿈은 무엇입니까?

당신은 하루 동안 아래의 두 문장 중에서 어떤 말을 많이 하시나요?

— 나는 ○○○을(를) 좋아합니다.
— 나는 ○○○을(를) 싫어합니다.

위의 대답을 어떤 것을 하셨든 좋습니다.

그럼, 먼저 첫 번째 문장에 관해 얘기해 보겠습니다.
당신이 좋아하는 것은 무엇입니까? (여기서 '좋아하는 것'이란 광범위하지만, 몇 가지로 추려 보겠습니다.)
퇴근을 하면 어떤 것을 좋아해서 어떤 일에 주로 시간을 보내나요?

주말에는 주로 어떻게 보내나요? 당신은 어떤 옷을 좋아합니까? 어떤 음식을 좋아하고 어떤 음악을 좋아하고 어떤 문화생활을 좋아하나요?

저의 예시를 먼저 들어 보이겠습니다.

저는 좋아하는 것이 정말 많습니다.

여행 가는 것을 정말 좋아하고 모르는 곳에 가서 체험해 보는 것을 참 좋아합니다. 주말을 앞두면 어디를 구경 가 볼지, 어디에서 정성스럽게 만든 맛있는 음식을 먹을 수 있는지, 어디에 재미난 볼거리가 있는지 가고 싶어 늘 가슴이 두근거립니다. 서울 남산에 가서 서울 경치를 한눈에 바라보면 매번 감회가 새롭습니다. 서울 연남동에 가서 세련된 감각들의 상점들을 지나가며 경의선숲길을 산책하는 게 즐겁습니다. 강원도에 가면 강원도만의 높고 푸르른 시원한 산새를 내내 바라보며 감탄합니다. 숙소에 자는 동안, 일어나자마자 바깥 경치를 보며 '감사합니다.'를 수도 없이 되뇝니다.

저는 책 읽는 것을 좋아합니다. 특히, 아침에 일어나서 읽는 책은 저에겐 꿀맛입니다. 퇴근하면 책 읽는 시간을 잠깐이라도 내서 보려고 하고, 주말에는 어딜 가든 책 한 권을 들고 다니면서 읽으려고 합니다. 카페에서 커피와 달달한 디저트와 함께 곁들여 하는 독서는 집중도 잘되고 더 즐겁습니다.

저는 동네 호수 공원을 산책하는 것을 좋아합니다. 자연 속을 힘차게 걸으면 땀이 살짝 나고 숨이 가쁘기도 하는데요. 퇴근 후 해 질 녘에 걸을 때는 하늘의 구름과 태양 빛이 섞여 천상의 경치를 자아내고, 밤 산책을 할 때는 어둠 속에서 빛나는 불빛들이 밤하늘의 별처럼 반짝이면서 마치 내가 우주 한가운데를 걷는 것 같습니다. 푸르른 숲과 나무, 맑은 호수 빛이 서늘한 바람과 함께 환하게 다가옵니다. 걷는 동안 하루의 고민되는 일들이 말끔하게 씻겨 나가고 새로운 계획과 아이디어들이 떠오릅니다. 고마운 사람은 더욱 고맙게 느껴지고 섭섭했던 마음도 슬며시 툴툴 털어 버려지는 저의 산책길은 보석의 정원이자 만병통치약 방입니다.

저는 화려한 스타일이나 유니크한 스타일의 옷을 입는 것을 좋아하고 액세서리를 하는 것도 좋아합니다. 색감이 다양하고 화려하지만 깔끔한 코디로 제가 좋아하는 옷들을 입고 출근하고 일하는 것은 스스로의 에너지를 높이고 저의 브랜드를 만들고 저의 건강함을 표현하기 위한 방법 중 하나입니다.

저는 좋아하는 것들을 수도 없이 말할 수 있습니다. 나는 영화 보는 것을 정말 좋아해요. 나는 초콜릿을 좋아해요. 좋아해요. 좋아해요.

하루 종일 '좋아해요.'로 나를 표현하고 좋아하는 것들로 나를 채우니 좋아하는 것들이 계속 끌려옵니다. 내가 좋아하는 것들이 무엇인지 알고 있기에 주변 환경이나 사람에 휘둘리지 않고 좋아하는 것들을 하는 데 시간을 보내게 되어 지루하거나 외로울 틈이 없습니다. 조금 한적해지거나 시간이 남으면 얼른 나의 최애 아이템들을 하고 싶어집니다. 좋아하는 것들을 할 때면 아이처럼 순수해집니다. 좋아하는 것들을 하면서 올라오는 기쁨을 흠뻑 느낍니다. 이렇게 좋으니 '이 멋진 것을 경험하게 해 주서서 감사합니다.'라는 말이 절로 나옵니다. 좋아하는 것들로 여가 시간을 채우면 바깥에서 소진된 에너지들이 비워지고 긍정의 에너지가 올라갑니다. 기분이 살짝 업 된 듯 살아갑니다. 자신이 좋아하는 것들은 자신의 작은 '꿈'이라고 생각합니다. 좋아하는 것을 하면서 작은 행복을 누리는 그 순간, 꿈은 이루어진 게 아닐까요?

예전에는 꿈이라 하면 어떤 직업을 이루거나 원하는 경제적 목표를 이루고 사는 것처럼 크고 거창한 것이라고 생각했습니다. 많은 부모님들이 그렇듯 저도 아이에게 "커서 뭐가 되고 싶어?"라고 자주 물었습니다. 5살 된 아이가 이것저것 대답하다가 갑자기 저에게 되물었습니다. "엄마는 꿈이 뭐야?"라고 말입니다. 그런데 그때 할 말이 없었습니다. 내 꿈이 뭐냐고? 교사가 되는 꿈을 이루었으니 이젠 꿈이 없는 건가? 내 꿈이 끝난 것일까? 재미있게도 30대에 꿈이 끝났다고 생각하니 기분이 유쾌하진 않았습니다. 그때부터 '내 꿈은 뭐지?'라는 질문이 머릿속에 계속 맴돌았습니다. 매년 학생들에게는 장래 희망, 진로가 무엇인지 물어보고 그리고 쓰고 발표하게 하면서 정작 나는 교사가 되었으니 꿈을 이루었고 '내 꿈은 완성! 끝!'이라고 생각하니 아직 살아갈 날이 너무 많은데 남은 내 인생이 재미없게 느껴졌습니다. 우연히 김수영 작가님의 《멈추지 마, 다시 꿈부터 써봐》라는 책을 읽다가, 만약 내가 지금 죽는다면, 못 해 봐서 후회할 것 같은 것들을 생각나는 대로 적어 보게 되었습니다. 죽음을 앞두고 침대에 누워 있는 마지막 장면을 상상하니, 살아생전 못 해서 후회가 되는 것들이 하나씩 떠오르기 시작했습니다. 아직 가 보지 못한 나라들이 얼마나 많은데, 발레라는 것도 해 보고 싶었고, 기타도 배워 볼걸⋯⋯. 생각의 나래가 계속 이어졌습니다. 그중에서 '발레 배우기'가 떠올라서 놀랐는데요. 중학교 때 발레 학원에 가고 싶었는데 못 해서 아쉬웠던 기억이 숨어 있었나 봅니다. '지금 이 나이에 발레를 배우면 뭐 하나? 발레 공연을 나갈 것도 아니고.'라는 생각이 떠올렸습니다. 저 어릴 때만 해도 학창 시절에 발레를 배우는 이유는 세계적인 발레리나가 될 소질과 완벽한 신체 조건을 가진 아이

157

가 큰 꿈을 이루기 위해서 배우는 것이라는 편견이 있었기 때문입니다. 그렇지만 '큰 성공을 위한 것'이 아니라, '하고 싶은 것을 지금 하는 것'이라면 발레를 배우지 않을 이유가 없었습니다. '나중에 못 했다고 후회하지 말고 지금이라도 하자.'라는 생각이 들더군요. 발레복을 사고 동네 발레 학원 등록을 준비하면서도 계속 '이 나이에 발레를 배워서 뭐 하나.' 하는 생각이 들었습니다. 가족들은 제가 발레를 배운다고 하니깐 저보다 더 제 몸매 걱정을 해 주었습니다. 이런 몸매의 발레리나는 본 적이 없다고 말이지요. 새로운 일을 시작하고자 하면 변화를 위한 에너지가 들고 새로운 것에 대한 거부 반응들이 저 자신을 비롯하여 주변에서도 오는 것을 느낄 수 있었습니다. 이런 반대에도 불구하고 발레 학원에서 피아노 발레 음악과 함께 '발레'라는 것을 배우고 집으로 걸어가는 그 순간을 잊을 수가 없습니다. 눈물이 주르륵 흐르면서 드디어 '내가 발레를 했다.'라고 세상에 소리치고 싶었습니다. 그로부터 4년 동안 일주일에 한 번은 발레를 배우고 옵니다. 저는 제 '꿈' 하나를 이루었습니다. 그리고 깨달았습니다. 제가 생각하는 '꿈'이란 거창하고 멀리 있는 게 아닙니다. 그것으로 미래가 유망하지 않으니 다른 것을 해야 하고 시작하면 발레 대표단 정도는 해야 한다고 생각했다면, 나이 마흔에 발레를 시작도 하지 않았을 것입니다. 퇴근하고 지금 내가 좋아하는 것을 하는 것,

그 자체가 당신은 '꿈'을 이룬 것입니다. '매일 꿈을 이루는 사는 사람'이기에 자부심이 가득해지고 소소한 기쁨들이 주변에 가득 찹니다.

이제 두 번째 질문으로 넘어가 볼까요?
당신이 싫어하는 것은 무엇입니까?

'나는 이런 거 싫어한다, 나는 저런 거 싫어한다, 나는 저런 거 딱 질색이다.' 이런 말을 늘상 하고 살던 때가 있었습니다. 예전에는 내가 좋아하는 거는 잘 모르겠지만 내가 싫어하는 건 확실하게 말할 수 있다고 너스레를 떨기도 했는데요. 저런 애 딱 '싫다', 저런 사람 딱 '싫다', 이런 음식 딱 '싫다', 저런 일 딱 '싫다', 오랫동안 '싫다'를 하면서 살아오면서 못 느끼고 있었는데, 그 부정적인 에너지가 저를 감싸고 저의 표정을 만들고 '싫은 것'들을 스스로 끌어당기고 있었습니다. 제가 싫어하는데 상대편이 저를 좋아할 리가 있을까요? 제가 온 세상에 싫어하는 것들을 선언하고 다니니 억울하고 열 받고 화가 날 일만 가득합니다. 이미 말로 온몸에 짜증과 화를 부었기 때문에 내가 좋아하는 것들을 생각하고 작은 꿈이 무엇인지 생각할 공간이 없어집니다.

오늘 하루 종일 여러분이 '나는 이것 좋아해.'라는 말과 '나는 이것 싫어해.'라는 말 중 어떤 말을 많이 하는지 잘 살펴보세요. 자신의 소소한 꿈을 이루겠다는 마법의 주문을 많이 하는지, 짜증을 돋우는 마법의 주문을 많이 하는지 잘 살펴보세요. 꿈을 꾸고 이루는 당신은 하루를 훨씬 생동감 있게 살아갑니다. 동료나 학생이 "어떤 것을 좋아한다."라고 말하는 것을 들어 보세요. 신기하게 그 말이 기억에 더 깊이 남습니다. 나는 "어떤 것을 좋아한다."라고 말해 보세요. 듣는 사람들의 얼굴도 밝게 펴집니다.

아이들이 순수하고 작은 것에도 까르르 웃을 수 있는 것은 하고 싶고 좋아하는 소소한 것들이 눈에 보이기 때문입니다. 좋아하는 일을 하면 시간 가는 줄 모르고 하게 됩니다. 아이와 같은 순수함이 올라옵니다. 세상의 아름다움과 교감하고 에너지가 넘쳐나게 됩니다. 어른들이 소소한 꿈을 가지면서 얼굴과 행동에서 흘러나오는 기쁨은 학생들에게도 전해집니다. 더 즐겁게 일하고 더 즐겁게 살 수 있습니다.

당신이 좋아하는 것들을 한번 적어 보세요. 당신이 시간을 보내는 것, 좋아하는 영화, 옷, 음식, 취미 등등 생각나는 대로 적어 보고 좋아하는 것들을 하는 데 집중해 보세요. 하나뿐인 내 인생, 꼭 해 보고 싶은 것, 안 하면 후회할 것 같은 것들이 떠오르면 시도를 한번 해 보세요. 처음에 시작할 때는 약간의 에너지가 들어서 귀차니즘이나 우유부단함이 올라올 수 있습니다. 이미 당신이 꿈을 이루는 사람인데 그 정도 일은 대수롭지 않게 밀어 버리세요. 그리고 작은 꿈이 이루어지는 순간을 두 팔 벌려 맞이하세요. 이제 당신은 매일매일 꿈을 이루는 사람이 되는 겁니다.

♥ 내가 좋아하는 것들 ♥

당신이 좋아하는 것들을 러키세븐! 7가지 이상 적어 보세요. 그것을
할 때 어떤 점에서 좋은지, 감정, 기분은 어떤지 구체적으로 적으며
마음껏 자랑해 봅니다.

* 나는 (　　　　　)을(를) 좋아한다.

----

* 나는 (　　　　　)을(를) 좋아한다.

----

* 나는 (　　　　)을(를) 좋아한다.

----

* 나는 (　　　　)을(를) 좋아한다.

----

* 나는 (　　　　)을(를) 좋아한다.

----

* 나는 (　　　　)을(를) 좋아한다.

----

* 나는 (   )을(를) 좋아한다.

----

* 나는 (   )을(를) 좋아한다.

----

②

지금의 불만족은 성장할 절호의 기회!

저는 신규 교사로 발령받은 해에 수업을 하는 것이 참 힘들었습니다. 일머리도 그리 밝지 못하고 처음 하는 업무 속에 어느 정도로 수업 연구를 해야 되는지 감이 잡히지 않았습니다. 35명의 학생들이 빤히 쳐다보고 있는 45분의 중학교 수업 시간은 두려웠던 기억이 납니다. 방학이 되면서 다음 학기 필기 내용을 직접 짜 보면서 내용을 잘 전달하고자 했지만, 수업을 잘해야 한다는 심적 부담이 많았고 짐같이 느껴졌습니다. 이 부분을 보완할 무엇인가 없을까 하고 연수 사이트를 둘러보다가 '재미있게 수업을 만들어 가는 방법'과 같은 제목의 연수를 신청하게 되었고 배운 것들은 다음 학기 때에는 수업에 적용했습니다.

점점 세상일에 비판적으로 되는 것 같으면, 전혀 모르는 분야도 알아보면 어떨까 하는 생각에, 일단 동네 도서관에 가서 '인류학', '미학' 등 이제까지 근처에도 가지 않았던 분야의 책장에서 가장 읽기 쉬워 보이는 책들을 집었습니다. 문화, 풍습들, 관점들이 우리와 다른 나라들을 보면서, '이것은 좋고 저것은 나쁘다'로 판단했던 건 좁은 시야를 가지고 있었기 때문이라는 걸 깨달았습니다. 이는 생각을 넓히는 소중한 경험이 되었습니다.

그러다 일방적으로 달달 외우는 공부를 해 와서 생각이 편협해지고 열등감이 생긴 것 같은 문제의식이 생기기 시작했습니다. 우연히 '혁신 수업'에 관한 연수를 듣고, '학생들이 생각하는 과학을 배우게 하자.'라는 생각이 들어 관련 책들을 읽게 되었습니다. 호기심으로 가게 된 교육의 미래와 관련한 연수에서 북유럽 교육에 대한 강의를 듣게 되었습니다. 강사님이 직접 통역을 하면서 '북유럽 교육 탐방 프로그램'을 함께 다니시는 것을 알게 되었습니다. 가만히 앉아서 북유럽 책을 보며 궁금해하지만 말고 직접 가서 보는 것이 더 확실하겠다는 생각이 들어서 그 길로 탐방 프로그램을 신청하였습니다. 막상 신청하고 나니 망설여지기도 했지만 '이런 거 배우려고 내가 돈 번 게 아니겠어.' 하며 마음을 크게 먹고 스스로를 다독였고, 결론적으로 이 여행은 제 교직 인생의 큰 전환점이 되었습니다. 핀란드, 덴마크, 스웨덴의 초중고등학교들을 방문하여 우리나라의 교육체계, 수업 방법, 학교 구조, 교사 역할, 사회적, 문화적인 차이점, 배울 점들을 비교하면서 신선한 충격과 함께 넓은 시야를 가지게 되었습니다. 자율적인 분위기 속에서도 질서가 있고, 다양한 사고를 할 수 있게 인정해 주는 분위기가 인상 깊었고 한국에 있는 우리 학생들을 더 믿어 주고 지지해 줘야겠다는 생각이 들었습니다. 탐방을 다녀온 후, 학교 안에서 내가 할 수 있는 일이 무엇일까 생각하면서 수업들을 만들어 갔습니다. 열린 사고를 할 수 있는 학생 중심 수업 방법들을 만들어 보고 학생들과 나누어 갔습니다.

중학교 수업을 어느 정도 여유 있게 만들어 낼 수 있겠다고 생각하던 차에 예상치 못하게 고등학교로 발령이 났습니다.

고등학교 수업은 내신 점수가 대학입시, 수능시험과 연결되기 때문에 활동 중심 수업보다 강의식 수업의 비중을 높일 수밖에 없었습니다. 오랜 강의에 집중하기 힘들어하는 학생들을 보며, 수업 안에서 핵심 내용들을 지루하지 않게 매력적으로 만들어 나가야겠다는 필요성을 크게 느끼게 됩니다. 김미경 강사님의 '스피치 마스터 클래스'를 신청해서 매일 한 개씩 듣고 필기했습니다. 그때 배운 팁들을 수업에 맞추어 짜고 적용했는데 그 전보다 훨씬 학생들의 수업 집중력이 높아짐을 느꼈습니다. 다음 해에는 스타 강사들의 수업 스타일은 어떠한지 궁금해서 수강했고 체크해 두었습니다.

학생과 대화의 어려움을 겪거나 지도가 어려울 때는 학생과 의사소통을 잘할 수 있는 책을 읽고, 동료 교사들과의 일이나 소통에서 고민이 많아질 때는 인간관계론, 대화 기법 등을 읽으면서 보다 편안하고 나은 의사소통을 하는 것을 연습했습니다. 고3 담임을 맡아 쏟아지는 일이 너무 많아 고민될 때 시간 관리에 관한 책을 찾아 읽으면서 '모닝 감사 일기'를 만들기도 했습니다. 그리고 심적인 안정을 유지하고 창의적인 긍정 에너지를 충전하기 위해 명상을 배우게 되었고 지금도 매일 꾸준히 하고 있습니다.

제가 그동안 걸어왔던 과정을 나열해 보았는데요. 10여 년치를 다 모아 보니 굉장히 많아 보이지만 학기 중엔 수업 연구하느라 바빴고 방학이 되면 한 개 정도 제가 부족하게 느껴지거나 불안한 부분에 관한 연수나 책들을 찾아보았던 것입니다. 그냥 보고만 지나가면 가치를 버린다고 생각하여 다음 학기 때에는 알게 된 방법들을 바로 수업에 조금이라도 접목해 보았고 조금씩 수업들이 변화해 가게 되었습니다. 일부러 시간 내어 '열심히 공부한다.'라는 생각으로 임했던 것은 아닙니다. 학교와 수업, 내 인생에 대한 고민들이 있으면 어떻게 해결하면 좋을지 생각하다가 연수 사이트든, 도서관이든 그때 떠오르는 장소에 가서 둘러보았습니다. 그러면 찾던 것이거나 조금 엇비슷한 것들이 제 앞에 나타났고, 크고 작은 깨달음과 배움을 얻어 나가게 된 것 같습니다. 고민되는 사건들이 있었기에 답을 찾고 싶었고, 작은 시도를 해서 해결해 보려고 행동하는, 작은 사이클들이 계속 돌아 지금에 이르렀습니다. 어려운 사건들, 상황들이 오면, 그 순간은 힘들기도 했지만, 방법을 찾게 되었으니 그 어떤 시간도 버릴 것 하나 없는 순간들이었다는 것을 이제 와서 깨닫게 됩니다. 그리고 그 과정에서 새로운 것을 배우고 생각도 못 했던 것을 알게 되는 것을 제가 좋아한다는 걸 깨달았습니다. 스무 살, 서른 살 때보다 호기심도 많아지고 세상에 대해 더 보고 배우고 싶은 열정도 가득합니다. 지적 순수함을 지니고 가슴이 원하면 일단 해 보는 행동도 빨라지는 큰 보물도 얻었습니다.

직장 생활을 하면서 결핍이 느껴지는 부분이나 보충하고 싶은 부분이 있다면, 자신의 능력이 없음을 스스로 자책하거나 남 탓을 하는 것에 너무 깊이 빠지지 마시고, 어떻게 하면 더 잘 해결하는 내가 될 수 있을까 질문해 보세요. 얼마 안 가서 꼭 도움을 얻을 만한 방법들이 나타날 것입니다. 그 방법을 실행하면 결핍은 희미하게 옅어지기 시작합니다. 해결될지 안 될지 결과를 고민하지 마시고, 그냥 도움이 되겠다 싶으면 해 보는 겁니다. 그렇게 몇 년만 지나면 어느새 예전의 나와 다른 내가 되어 있을 것입니다. 학교 일에서 성장할 뿐 아니라 자신의 인생 전체에서 성장하고 있음을 발견하게 될 것입니다.

♥ 한 걸음 성장할 기회 맞이하기 ♥

* 당신이 요즘 학교에서 느끼는 어려움은 어떤 것인가요?

\------------------------------------

\------------------------------------

\------------------------------------

\------------------------------------

\------------------------------------

\------------------------------------

* 그것을 편안하게 해결할 수 있는 방법이 분명 있습니다. 당신이 어떤 도움을 어디에서 구할 수 있을지 생각나는 대로 적어 봅시다. 예) 도서관 가기, 동료에게 조언 구하기, 연수 사이트 들어가 보기 등

\------------------------------------

\------------------------------------

\------------------------------------

\------------------------------------

\------------------------------------

\------------------------------------

* 지금 당장 행동 한 가지를 실행합니다.

당신은 지금도 여전히 앞으로 나아가고 있습니다. ^^

3

나만의 브랜드, 나만의 인생

끝으로, 나는 앞으로 어떤 삶을 살고 싶은지 생각해 볼까요? 어떤 사람이 되고 싶은지 생각해 볼까요? 지금 이생을 마감한다면, 자신의 묘비명은 어떻게 쓰이길 원하시나요? 지난 과거의 경험에 근거해 판단하거나 규정하지 말고 원하는 모습, 삶, 묘비명을 생각해 봅시다. 저는 '희망을 노래하는 사람, 삶의 기쁨을 누리고 나누어 주는 사람, 웃는 사람, 믿고 지지해 주는 사람, 자기 관리를 잘하는 멋있는 사람'이 되고 싶습니다. 이것이 제 인생의 비전이자 브랜드입니다. 기업만 브랜드와 이미지를 가지고 있는 것이 아닙니다. 저 자신도 저만의 브랜드를 가지면서 살고 싶습니다. 다른 사람들의 삶과 구별되는 '나'만의 삶 표식을 가지면서 말입니다. 이런 브랜드가 되기 위해 부정적이고 짜증 나는 일에도 좋은 면을 찾으려는 깨알 같은 노력을 하게 되고, 사람들의 장점을 말해 주게 되고, 더 멋진 경험을 나에게 선물하고, 더 건강한 하루를 보내는 나로 채워 갑니다. 햇살, 살랑이는 바람, 길거리에 핀 꽃에도 미소 지어지고 주변의 재치 있는 유머에 깔깔깔 소리 내어 웃게 됩니다. 이렇게 나를 희망과 기쁨 속에 담으려는 모습은 현재 내가 있는 곳이 바로 '천국'이라고 생각하게 합니다. 저절로 우러나오는 감사는 나를 더 좋은 곳으로 데려다줄 것입니다.

저의 인생 브랜드가 위와 같다면 제 인생 속 작은 인생인 '교사'도 같이 연결할 수 있겠지요. '희망을 노래하는 교사, 삶의 기쁨을 누리고 나누어 주는 교사, 웃는 교사, 믿고 지지해 주는 교사, 자기 관리를 잘하는 멋있는 교사'로 말입니다. 그리고 저는 이런 '교사 브랜드'를 가진 사람입니다. 교사는 내 인생과 별개의 것이 아닙니다. 교사는 내 인생의 일부이자 전부입니다. 나만의, 나를 위한, 나에 의한 풍요로운 인생을 만들고 스스로 브랜드를 가진 사람으로 격을 높이세요. 그 풍요는 학교에서도 고스란히 퍼질 것입니다.

지구에 살고 있는 70억 명의 인구는 성별, 나이, 인종, 직업 등으로 해야 할 일, 할 수 있는 일이 규정지어지곤 합니다. 하지만 70억 명의 사람들은 누구 하나 똑같은 인생이 없습니다. 똑같이 가야 한다는 정해진 길이란 없습니다. 저마다의 재능이 다르고, 경험이 다르고, 인생이 다릅니다. 브라이언 트레이시가 남긴 말처럼, 우리 삶의 온전한 주인이자 인생의 책임자는 우리 자신입니다.

우리는 저마다 자신만의 브랜드를 발견하고 만들어 가며 꽃피우면서 살아야 합니다. 그리고 이 삶, 이 놀이를 마음껏 즐겨 보는 건 어떨지요? 인류의 스승들이 수천 년 전부터 일찍이 깨닫고 하신 말처럼 "삶은 문제가 아닙니다. 삶은 놀이입니다."

♥ 당신 인생 브랜드를 만들어 봅시다 ♥

* 당신은 어떤 삶을 살고 싶으신가요? 당신은 어떤 사람이 되고 싶은 가요? 자신의 묘비명은 어떻게 쓰이길 원하나요? 구체적으로 적어 봅시다. 이 글을 쓰는 순간 당신은 그 브랜드를 가지게 되었습니다. 축하드립니다!

이 책을 마치며

저의 교직 생활을 글로 담아내는 동안, 어린 시절부터 지금까지 만났던 많은 사람들이 떠올랐습니다. 그분들과 함께한 많은 경험들이 하나하나 책의 소재이자 영감이 되어 주었기에 제가 혼자 이룬 것이 하나도 없다는 것, 모두가 밀어주고 당겨 주고 기다려 주었기에 제가 이 자리에 건강하게 서 있다는 크나큰 감사함이 한가득 밀려옵니다. 어린 시절부터 시작해 살아오고 글을 쓰는 지금까지의 제 삶의 목표가 무엇이었는지, 무엇을 위해 생각하고 행동했는지를 한 가지로 꼽아 보자면, '편안함을 향한 여정이었다.'라고 말할 수 있을 것 같습니다. 저에게 주어진 상황에서 더 편안해지고 싶어서, 더 평화로워지고 싶어서, 더 여유로워지고 싶어서 그 해결책들을 더듬더듬 찾아왔습니다. 삶이 나를 내려놓아 준 공간과 시간 속에서 겪고 시도하고 반성하고 회피하기도 하고 무언가를 해내기도 해 보았습니다. 그 당시는 심각했고 어설픈 철부지였으나, 지금 와서 돌아보니 참으로 재미있었던 여행이 아닐 수 없습니다. 부족함으로 시작했기에 여행 스토리가 더 극적이고 스펙터클한데, 그 순간들 모두가 사랑과 보살핌 안에 머물러 있었다는 깨달음을 주니, 그 시절 땀으로 꼬질꼬질했던 조그마한 꼬마 아이가, 어리바리 안경 낀 단발머리 여고생이, 눈썹 휘날리며 수업하는 그녀가, 그 자체로 사랑스럽습니다. 제 개인적으로는 실로 엄청난 치유입니다. 더불어 앞으로의 어떤 일도 저에게는 하나하나 소중한 에피소드들이 될 거라는 깨달음이 느껴지니, 2학기 때 새롭게 만나서 수업하는, 아직은 서먹한 학생들을 바라보는 저의 눈빛은 또 다른 감사함으로 빛납니다.

세상의 모든 교사들은 각자의 소중한 경험들을, 지혜들을 분명히 가지고 계십니다. 단지 글로 표현이 안 되었을 뿐이지요. 스스로에게는 특별하지 않은 소소하고 평범한 지혜로 느껴질지라도 다른 누군가에게는 주옥같은 보물들이 채워진 상자 이상의 가치가 있습니다. 처음 시작하시는 후배님들도, 경력이 많으신 선배님들도, 언제라도 글로든, 다른 어떤 방법으로든 여러분의 보석을 세상에 나누어 주시길, 교사들의 지혜가 모이고 커져서 아름다운 우리의 힘과 진심이 널리 퍼져 나가길, 온 세상이 더욱 윤택해지길 바라봅니다.

끝으로, 존경하는 세상의 모든 교사, 학생, 학부모께 이 시를 드립니다.

사.랑.합.니.다.

작가 성지현

나는 나를 사랑합니다.

나는 나의 모든 감정을 사랑합니다.

나는 나의 모든 일을 사랑합니다.

오늘의 모든 일을 사랑합니다. 무조건적으로 사랑합니다.

어떤 것도 잘못되지 않았으며 어떤 것도 나쁘지 않았습니다.

나에게 일어나는 일은 모두 좋은 일이기 때문입니다.

나는 그저 이 순간을 살고 있습니다.

이 순간은 그냥 나와 주변 자체입니다.

나는 내가 완벽하다는 것을 압니다.

나는 내가 그저 나라서 제일이라는 것도 압니다.

나는 내가 아름답고 사랑스럽습니다.

온 세상을 비추는 빛이자 생명이자 사랑이

바로 저이기 때문입니다.

나는 이 소풍을 사랑합니다.

나는 이 파티를 사랑합니다.

내가 만난 모든 것들을 사랑합니다.

모든 것들도 나를 사랑합니다.

우리는 함께 껴안고 서로를 쓰다듬어 줍니다.

우리는 따듯합니다. 우리는 포근합니다.

우리는 하나입니다. 우리는 빛이고, 별입니다.

우리는 바다이고, 바람입니다. 우리는 우주입니다.

우리는 무한한 풍요 속에서 넘치듯 춤추듯 살아갑니다.

당신을 만난 이 순간은 '사랑 그 자체'입니다.

사.랑.합.니.다.

큰 그릇 큰 교사 되기 프로젝트

ⓒ 성지현, 2023

초판 1쇄 발행 2023년 12월 15일

지은이   성지현
펴낸이   이기봉
편집   좋은땅 편집팀
펴낸곳   도서출판 좋은땅
주소   서울특별시 마포구 양화로12길 26 지월드빌딩 (서교동 395-7)
전화   02)374-8616~7
팩스   02)374-8614
이메일   gworldbook@naver.com
홈페이지   www.g-world.co.kr

ISBN   979-11-388-2572-6 (03370)